1000⊕

MORE GRAPHIC ELEMENTS

ROCKPORT

BOOK DESIGN, ART DIRECTION, AND CURATING
GRANT DESIGN COLLABORATIVE
www.grantcollaborative.com

PRIMARY PHOTOGRAPHY
GUY WELCH, STUDIOBURNS
www.studioburns.com

FONTS
GOTHAM
SCALA

First published in the United States of America by
Rockport Publishers, a member of
Quayside Publishing Group
100 Cummings Center
Suite 406-L
Beverly, MA 01915-6101

Telephone: (978) 282-9590
Fax: (978) 283-2742
www.rockpub.com

ISBN-13: 978-1-59253-551-4
ISBN-10: 1-59253-551-8

10 9 8 7 6 5 4 3 2

Printed in China

BEVERLY MASSACHUSETTS

ROCKPORT PUBLISHERS

1000+

MORE GRAPHIC ELEMENTS

UNIQUE ELEMENTS FOR DISTINCTIVE DESIGNS VOLUME II
BY GRANT DESIGN COLLABORATIVE

INTRODUCTION

IN AN AGE OF DWINDLING BUDGETS, tighter deadlines, and shorter attention spans, many creative professionals are contemplating the plausibility of seemingly frivolous design gestures. Designed and curated as a sequel to one of Rockport's most popular titles, *1000 More Graphic Elements* demonstrates why the thoughtful and strategic application of special finishing techniques is more important and relevant than ever.

Grant Design Collaborative believes that the printed image and clever copy can only communicate a limited amount of rational information. In order to fully engage consumers, designers must reach deep inside their psyches to tap into emotions. Finishing techniques offer an alternate language or vocabulary, allowing the designer to articulate meaning and intention. Tactile effects, such as foil stamping, letterpress, and jewel-like tip-ons, can enamor the user with a sensory experience and liberate the jaded mind of the typical consumer who is bombarded with thousands of daily brand impressions.

With epidemic attention deficit disorders and an alarming demand for instant gratification, goaded by a shift toward web-based applications, it is essential to inspire consumers to savor the experience of a thoughtfully and beautifully crafted design artifact. Unique finishes and materials create a viewer experience and transform a printed piece into a gift waiting to be opened.

More than a mere continuation of a theme, this volume presents a survey of the current state of graphic design detail. This impressive collection of international and culturally diverse work varies substantially from the first volume, and it is intriguing to note the trends that have emerged within the course of just a few short years. Various assumptions can be made as to why certain techniques, materials, and colors have gained popularity, yet a definitive answer is hard to ascertain. However, Grant Design Collaborative did note one significant trend that points to a greater overall use of restraint. From printing techniques to color palettes, a more refined—albeit more strategic—approach to design has emerged. Simple binding, specialty papers, or minimal embossings are used to maximum effect through striking graphics or spare compositions. In many cases, the human hand has been placed at the forefront of design intention, as "handcrafted" design, literal or figurative, has evolved to a higher level of prominence in the popular consciousness. Similarly, color palettes appear to have shifted in favor of comforting and familiar neutrals and earth tones, although occasional and dramatic hits of warm fluorescents, such as yellow, are often employed for emphasis. Whatever has been lost in conspicuous applications of finishing techniques has been gained in ink, as bold graphics, dynamic compositions, and sophisticated color flourishes push the selections to greater heights. Exceptions abound, yet a clear narrative unfolds: restraint reigns supreme, and a strategic and intentional use of materials and special techniques is driving the use of graphic elements in design at this time.

Grant Design Collaborative
www.grantcollaborative.com

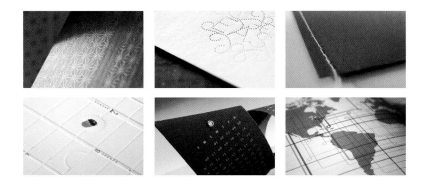

PRINTING TECHNIQUES

0002 // BERNSTEIN-REIN ADVERTISING / USA

0003 // DESIGN RELIGION / UK

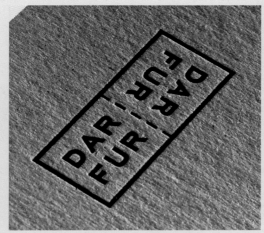

0004 // THE COMPOUND ADVERTISING & DESIGN / USA

0005 // STOLTZE DESIGN / USA

0006 // WIDGETS & STONE / USA

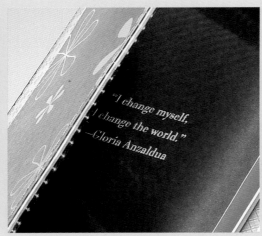

0007 // LEANN LOCHER / USA

0008 // LEANNE LIEW / AUSTRALIA

0009 // WORK-ROOM / POLAND

0010 // THE WHITE ROOM, INC. / CANADA

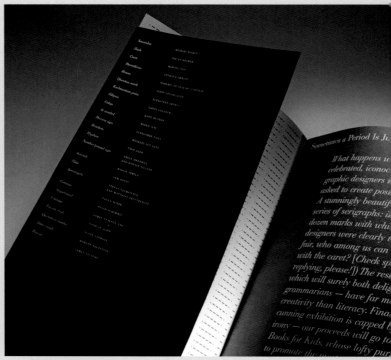

0011 // AND PARTNERS, NY / USA

0012 // AND PARTNERS, NY / USA

0013 // AUFULDISH & WARINNER / USA

0014 // AND PARTNERS, NY / USA

0015 // **EXPLORARE** / MEXICO

0016 // **FUSE COMMUNICATION** / USA

0017 // **PLAZM** / USA

0018 // **TANGERINE UK LTD.** / UK

0019 // NELNET, INC. / USA

0020 // ANGRYPORCUPINE*DESIGN / USA

0021 // SPARK COMMUNICATIONS, INC. / USA

0022 // LLOYDS GRAPHIC DESIGN LTD. / NEW ZEALAND

0023 // WIDGETS & STONE / USA

0024 // ANA RONCHA / JORGE JORGE / PORTUGAL

0025 // SPARK STUDIO PTY LTD. / AUSTRALIA

0026 // EBD / USA

0027 // UMS DESIGN STUDIO / INDIA

0029 // GRANT DESIGN COLLABORATIVE / USA

0030 // SUBLIME MIAMI, INC. / USA

0031 // STOLTZE DESIGN / USA

0032 // BASEMAN DESIGN ASSOCIATES / USA

0033 // ADAMS MORIOKA, INC. / USA

0034 // BURGEFF DESIGN / MEXICO

0035 // BÜROCRATIK DESIGN / PORTUGAL

0036 // GRANT DESIGN COLLABORATIVE / USA

0037 // TOKY BRANDING + DESIGN / USA

0038 // STOLTZE DESIGN / USA

0039 // WATERMARK LTD. / NEW ZEALAND

0040 // WIDGETS & STONE / USA

0041 // A3 DESIGN / USA

0042 // TOKY BRANDING + DESIGN / USA

0043 // 999 / UK

0044 // MIMOSA CREATIVE / NEW ZEALAND

0045 // BASEMAN DESIGN ASSOCIATES / USA

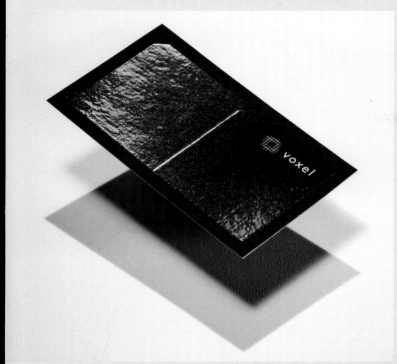

0046 // **MATIC** / USA

0047 // **MATIC** / USA

ACTIUM
PARTNERS
L L C

(A)

PAUL R. CHRISTENSON
paul@actiumpartners.com

tel **801 983 6700**
fax 801 983 6705

111 EAST BROADWAY STE 390
SALT LAKE CITY, UTAH 84111

0049 // **STRUCK** / USA

0050 // WILLOUGHBY DESIGN GROUP / USA

0051 // LONGE DESIGN / UK

0052 // SHEARMAN & STERLING, LLP / USA

0053 // LLOYDS GRAPHIC DESIGN LTD. / NEW ZEALAND

0054 // VALENTINE GROUP NEW YORK / USA

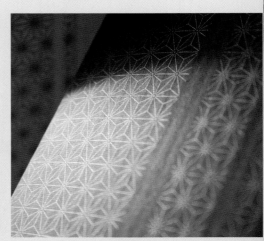

0055 // CHEN DESIGN ASSOCIATES / USA

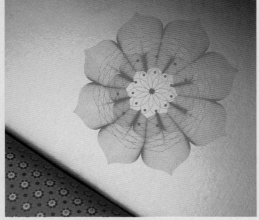

0056 // UMS DESIGN STUDIO / INDIA

0057 // ANA RONCHA / JORGE JORGE / PORTUGAL

0058 // AND PARTNERS, NY / USA

0059 // SUBLIME MIAMI, INC. / USA

0060 // WILLOUGHBY DESIGN GROUP / USA

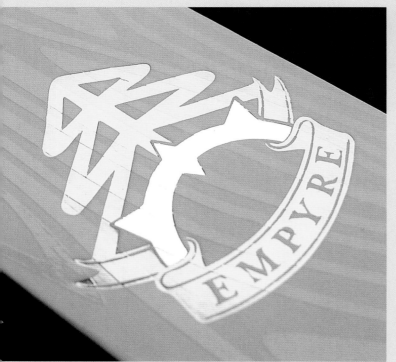

0061 // WEATHER CONTROL / USA

0062 // HELENA SEO DESIGN / USA

0063 // COMMERCIAL ARTISAN / USA

0064 // BÜROCRATIK DESIGN / PORTUGAL

0065 // FUNNEL : ERIC KASS : UTILITARIAN + COMMERICAL + FINE : ART / USA

Dear you hypocritical
fucking Twerp,

Id just like to thank you
for taking hold of the last
four years of my life and
raising my hopes for
the future. Id like to thank
you for giving me clothes
when I needed them
and food when I needed it
and for fucking my brains
out when my brains
needed fucking. I hope
that the time we spent in
the Quarters with my
family sleeping neerby
quietly ignoring what you
proceeded to do to me—
what, rather I proceeded
to do to you—

0066 // WALKER ART CENTER / USA

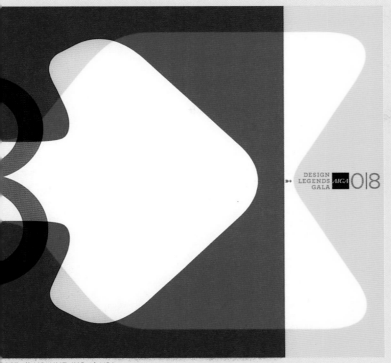

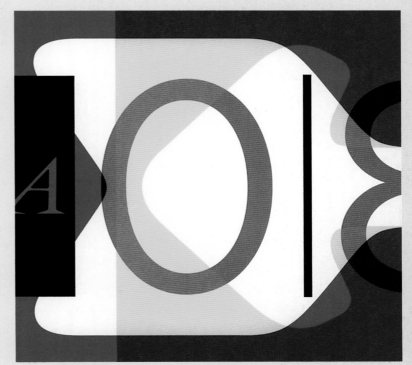

0067 // VOLUME, INC. / USA

0068 // VOLUME, INC. / USA

0069 // VOLUME, INC. / USA

0070 // SENSUS DESIGN FACTORY ZAGREB / CROATIA

0071 // **DRAKE COOPER** / USA

0072 // **DRAKE COOPER** / USA

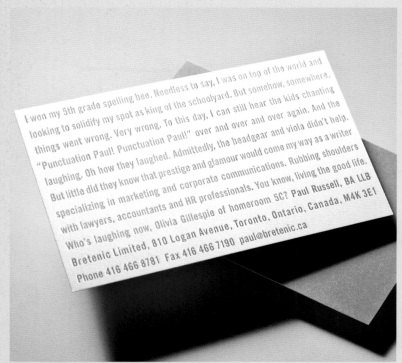

0073 // **ZYNC COMMUNICATIONS, INC.** / CANADA

0074 // **KLS DESIGN** / USA

0075 // CHEN DESIGN ASSOCIATES / USA

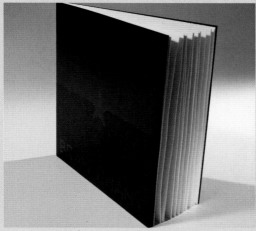

0076 // MIRKO ILIĆ CORP. / USA

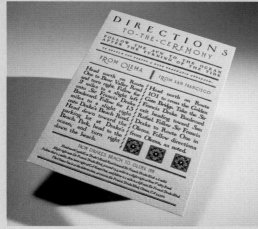

0077 // NOTHING : SOMETHING : NY / USA

0078 // CLEAR MARKETING / UK

0079 // WIDGETS & STONE / USA

0080 // BISQIT / UK

0081 // ANA RONCHA / PORTUGAL

0082 // 3GROUP / POLAND

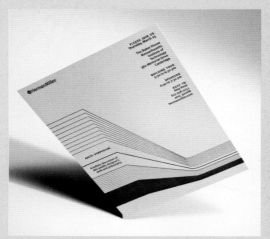

0083 // GRANT DESIGN COLLABORATIVE / USA

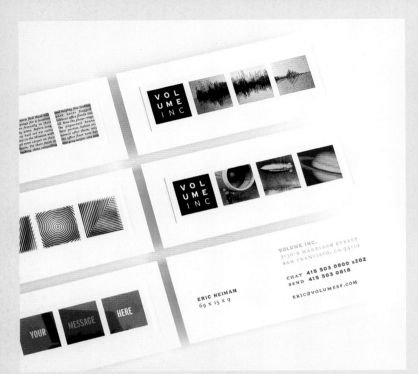

0084 // VOLUME, INC. / USA

0085 // YIU STUDIO / USA

0086 // NOISE 13 / USA

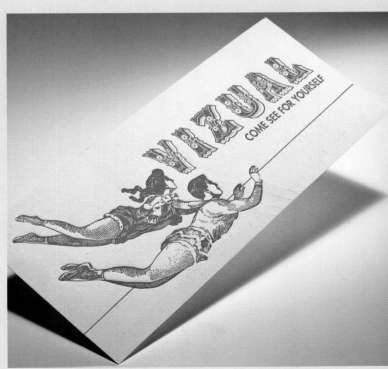

0087 // ANOTHER LIMITED REBELLION / USA

0088 // PRAXIUM PRESS / USA

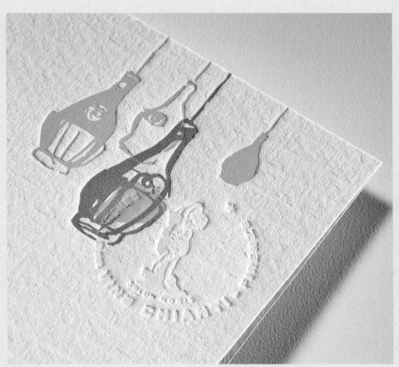

0089 // MIRIELLO GRAFICO / USA

0090 // SUBLIME MIAMI, INC. / USA

0091 // MATIC / USA

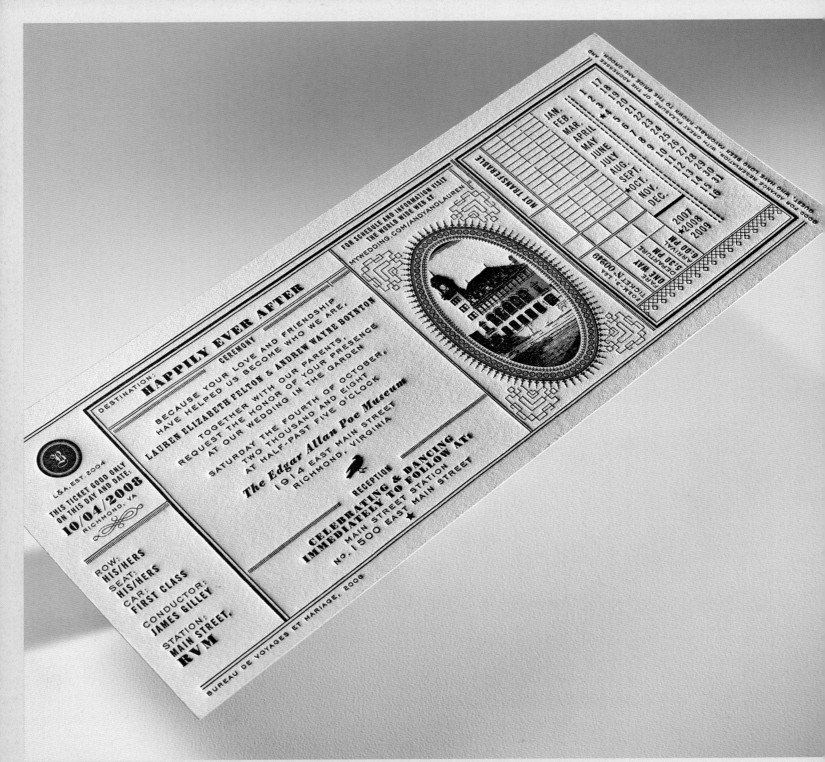

0092 // DAVID ELLER / USA

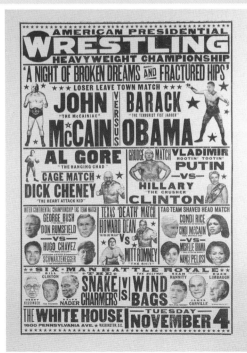

0097 // HELENA SEO DESIGN / USA

0098 // AULFULDISH & WARINNER / USA

0099 // GRANT DESIGN COLLABORATIVE / USA

0100 // EXPLORARE / MEXICO

0101 // AND PARTNERS, NY / USA

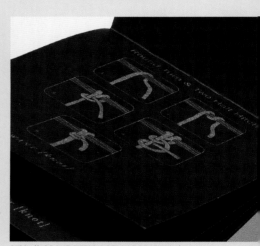

0102 // GRANT DESIGN COLLABORATIVE / USA

0103 // SPUR / USA

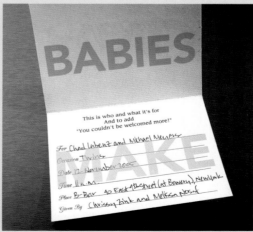

0104 // TOPOS GRAPHICS / USA

0105 // TOPOS GRAPHICS / USA

106 // **AESTHETIC APPARATUS** / USA

0107 // **AESTHETIC APPARATUS** / USA

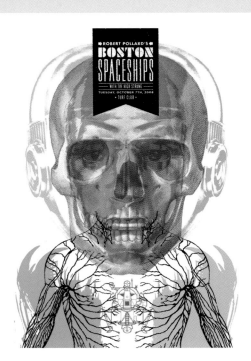

0108 // **AESTHETIC APPARATUS** / USA

0109 // **AESTHETIC APPARATUS** / USA

0110 // **NOTHING : SOMETHING : NY** / USA

0111 // **STOLTZE DESIGN** / USA

0112 // **STOLTZE DESIGN** / USA

0113 // **VALENTINE GROUP NEW YORK** / USA

0114 // FUNNEL : ERIC KASS : UTILITARIAN + COMMERCIAL + FINE : ARTS / USA

0115 // 20FIRST / GERMANY

0116 // SENSUS DESIGN FACTORY ZAGREB / CROATIA

0117 // WIDGETS & STONE / USA

0118 // GRANT DESIGN COLLABORATIVE / USA

0119 // COUNTERPART COMMUNICATION DESIGN / USA

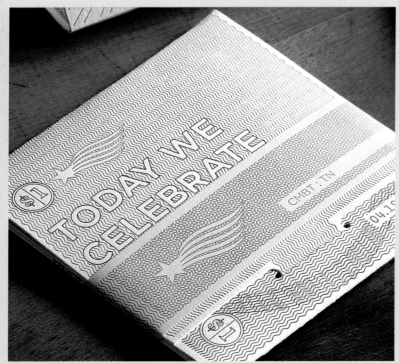

0120 // WIDGETS & STONE / USA

0121 // GRANT DESIGN COLLABORATIVE / USA

Celebrate the Holidays on Purpose

purpose

In the spirit of giving, please join Herman Miller in celebrating the holiday season with renewed purpose. Together, we can apply our **creative** energy to design a better world.

MANIPULATED SURFACES

24 // CHEN DESIGN ASSOCIATES / USA

0125 // WIDGETS & STONE / USA

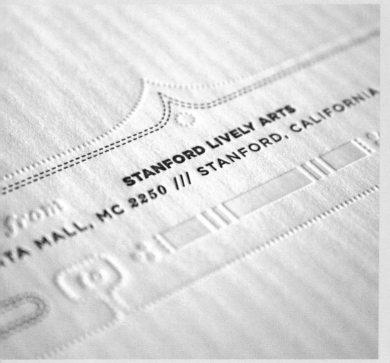

26 // CHEN DESIGN ASSOCIATES / USA

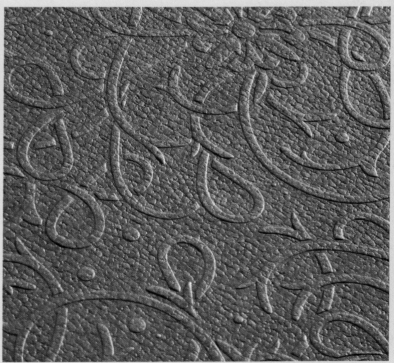

0127 // EBD / USA

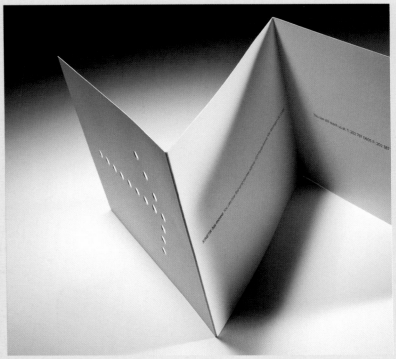

0128 // **KINETIK** / USA

0129 // **CHEN DESIGN ASSOCIATES** / USA

0130 // **KINETIK** / USA

100% post-consumer recycled paper

Papier 100 % recyclé après consommation

recyceltes Papier

papel reciclado postconsumo

0131 // **CHEN DESIGN ASSOCIATES** / USA

2007

M + F

EDIAFORM

QUALITY IN PRESENTATION

www.predime

Predimendes
CONSTRUÇÕES

#32 // BASEMAN DESIGN ASSOCIATES / USA

0133 // SENSUS DESIGN FACTORY ZAGREB / CROATIA

0134 // BÜROCRATIK DESIGN / PORTUGAL

NAOMI

NAOMI FINLAY PHOTOGRAPHY
TORONTO, CANADA 1 416 895 0232
AUSTRALIA + 0405 256 149
HELLO@NAOMIFINLAY.COM

NAOMIFINLAY.COM

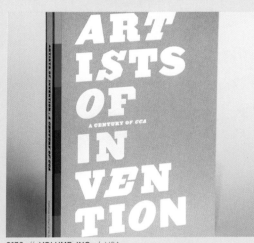

ART
ISTS
OF
A CENTURY OF CCA
IN
VEN
TION

35 // THE WHITE ROOM, INC. / CANADA

0136 // VOLUME, INC. / USA

0137 // BERNSTEIN-REIN ADVERTISING / USA

ANDREW YOUNG & CO., INC.
global hospitality consultants

Peace
Love

38 // MIRKO ILIĆ CORP. / USA

0139 // THE COLLEGE OF SAINT ROSE / USA

0140 // GOUTHIER DESIGN / USA

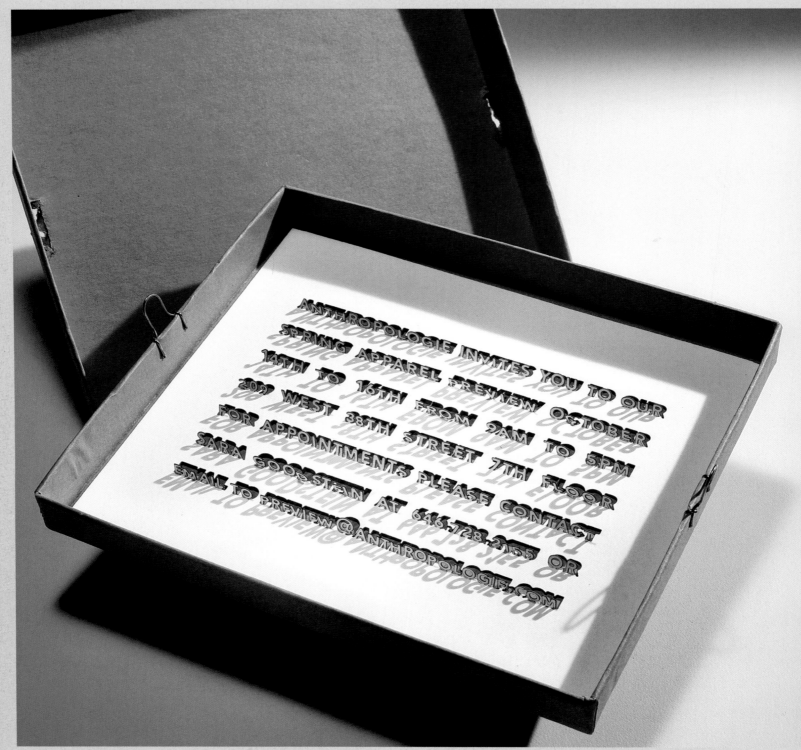

PLEASE JOIN US

0142 // ROYCROFT DESIGN / USA

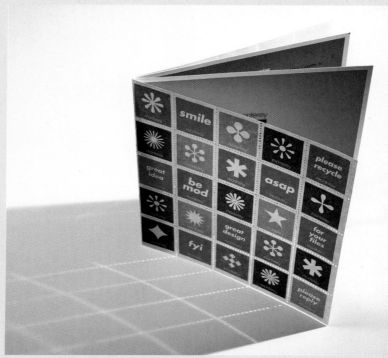

0143 // GRANT DESIGN COLLABORATIVE / USA

stitch
see it first, buy it early
stitch.anthropologie.com

0144 // ANTHROPOLOGIE / USA

MARLBOROUGH
Country Gardens
TOURS

0145 // LLOYDS GRAPHIC DESIGN LTD. / NEW ZEALAND

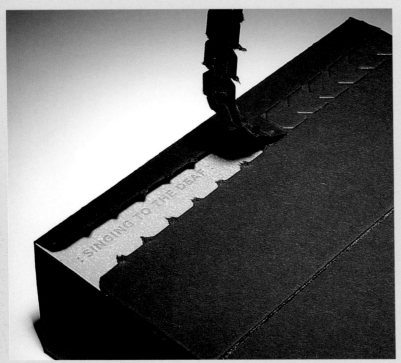

0146 // **WIDGETS & STONE** / USA

0147 // **KAA DESIGN GROUP, INC.** / USA

0148 // **KAA DESIGN GROUP, INC.** / USA

0149 // **MINE™** / USA

0151 // UMS DESIGN STUDIO / INDIA

0152 // 20FIRST / GERMANY

0153 // SUBLIME MIAMI, INC. / USA

0154 // GRANT DESIGN COLLABORATIVE / USA

0155 // MATIC / USA

0156 // CHEN DESIGN ASSOCIATES / USA

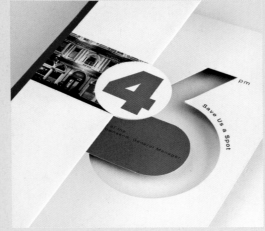

0157 // STORM CORPORATE DESIGN / NEW ZEALAND

0158 // GARDEN VARIETY DESIGNS / USA

0159 // ZYNC COMMUNICATIONS, INC. / CANADA

0160 // EXPLORARE / MEXICO

0161 // EXPLORARE / MEXICO

0162 // TIMBER DESIGN CO., INC. / USA

0163 // GOUTHIER DESIGN / USA

65 // FUSE COMMUNICATION / USA

0166 // ANGRYPORCUPINE*DESIGN / USA

0167 // TOKY BRANDING + DESIGN / USA

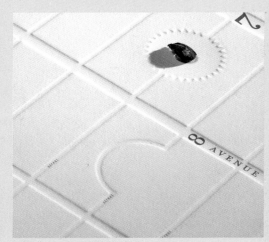

68 // GOUTHIER DESIGN / USA

0169 // GOUTHIER DESIGN / USA

0170 // GOUTHIER DESIGN / USA

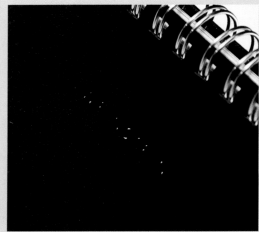

71 // COMMERICAL ARTISAN / USA

0172 // CHENG DESIGN / USA

0173 // MIRIELLO GRAFICO / USA

0174 // SAMURAI, INC. / JAPAN

0175 // SAMURAI, INC. / JAPAN

0176 // SAMURAI, INC. / JAPAN

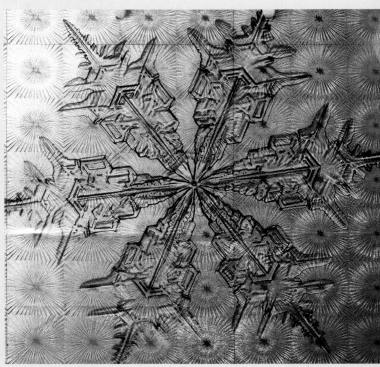

0177 // SAMURAI, INC. / JAPAN

0178 // TOKY BRANDING + DESIGN / USA

0179 // DESIGNLAB, INC. / USA

80 // NEOSCAPE / USA

0181 // AND PARTNERS, NY / USA

0182 // NOTHING : SOMETHING : NY / USA

0183 // CHEN DESIGN ASSOCIATES / USA

0184 // SPRING / CANADA

0185 // INSIGHT CREATIVE / NEW ZEALAND

0186 // WILLOUGHBY DESIGN GROUP / USA

0187 // CARRÉ NOIR ROME / ITALY

0188 // BERNSTEIN-REIN ADVERTISING / USA

0189 // CARRÉ NOIR ROME / ITALY

0190 // 20FIRST / GERMANY

packed with care by

Kate Morris

minted.

especially for

Mariam Napier

month   1

date

1 2 3
18 19 20 21 22 23 24 25 26 27 28 29 30 31
1 2 3 4 5 6 7 8 9 10 11 12 13 14 15 16 17

2   3   4   5   6   7   8   9   10   11   12

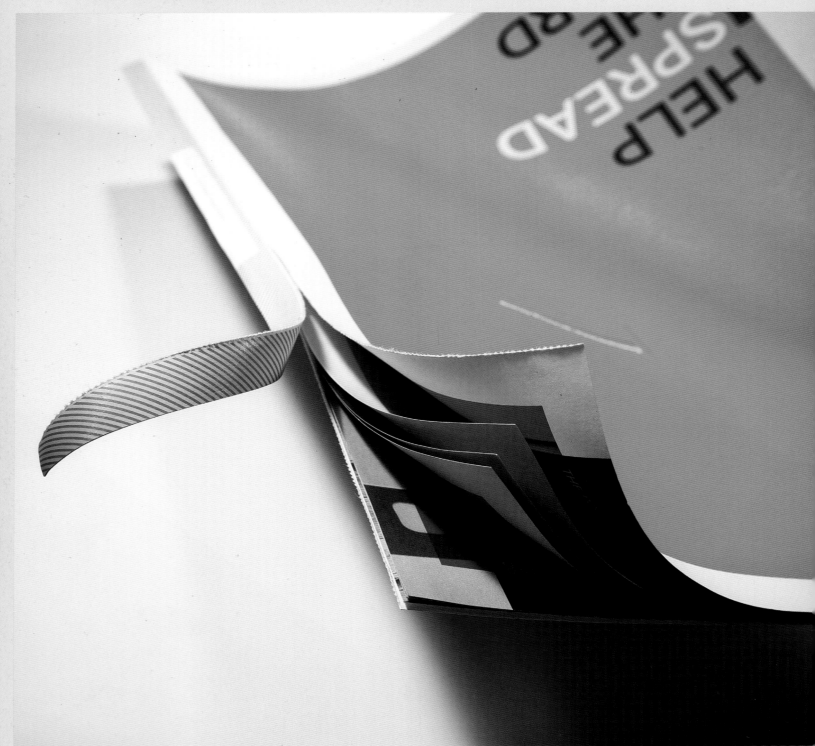

HELP SPREAD

0192 // KINETIK / USA

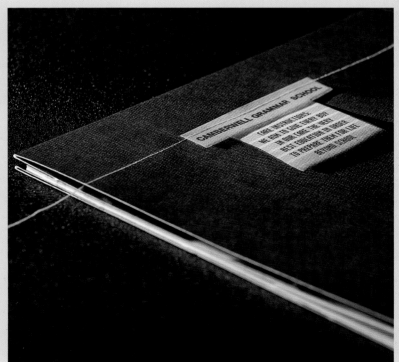

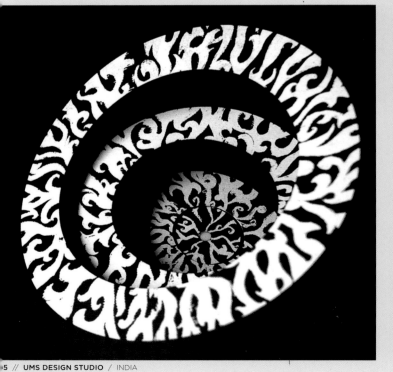

0197 // NOTHING : SOMETHING : NY / USA

0198 // VALENTINE GROUP NEW YORK / USA

0199 // GRANT DESIGN COLLABORATIVE / USA

0200 // A3 DESIGN / USA

0201 // TANGERINE UK LTD. / UK

0202 // YIU STUDIO / USA

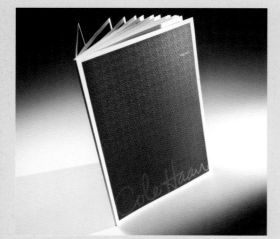

0203 // VALENTINE GROUP NEW YORK / USA

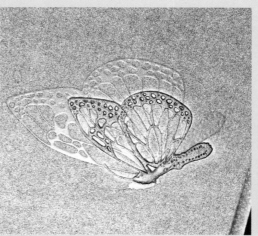

0204 // LEANNE LIEW / AUSTRALIA

0205 // ANOTHER LIMITED REBELLION / USA

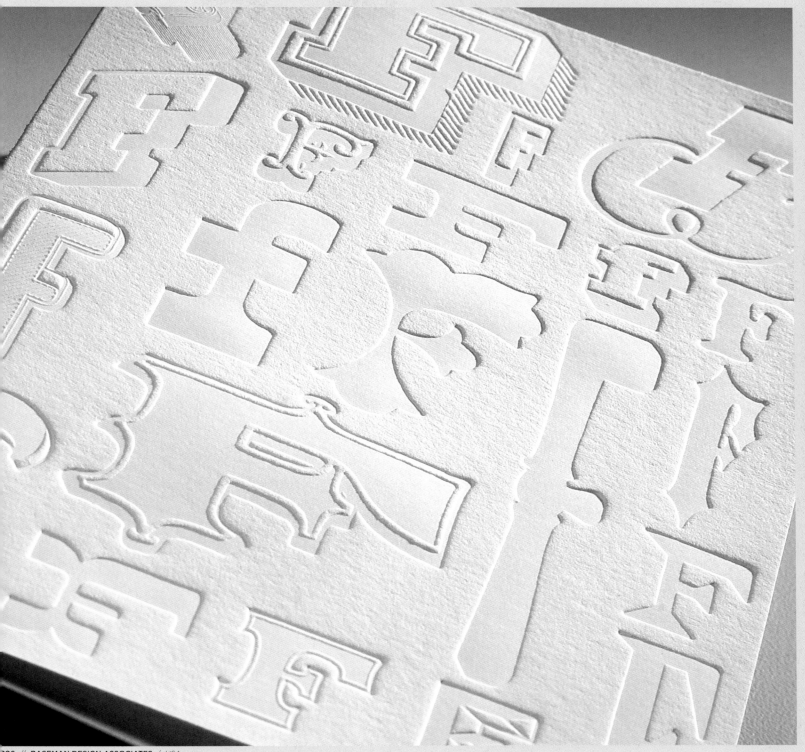

0207 // **ELFEN** / UK

0208 // **ELFEN** / UK

0209 // **CREATIVE, INC.** / IRELAND

0210 // **RUTH HUIMERIND** / ESTONIA

11 // **EBD** / USA

0212 // **SUKA DESIGN** / USA

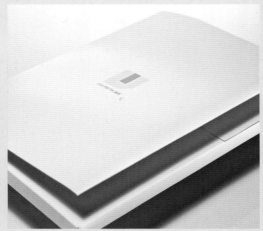

0213 // **NEOSCAPE** / USA

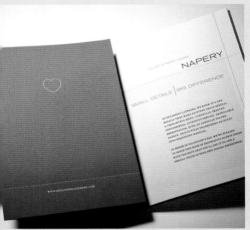

14 // **KINETIK** / USA

0215 // **PRAXIUM PRESS** / USA

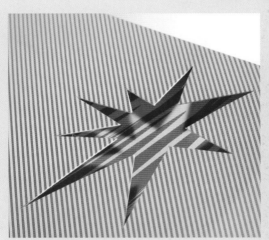

0216 // **STUDIO BLUE** / USA

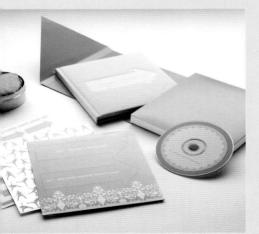

217 // **PLAZM** / USA

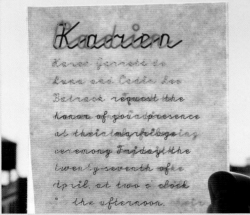

0218 // **TOPOS GRAPHICS** / USA

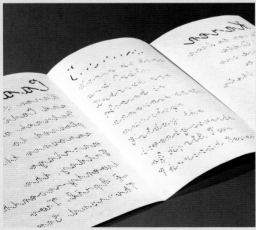

0219 // **TOPOS GRAPHICS** / USA

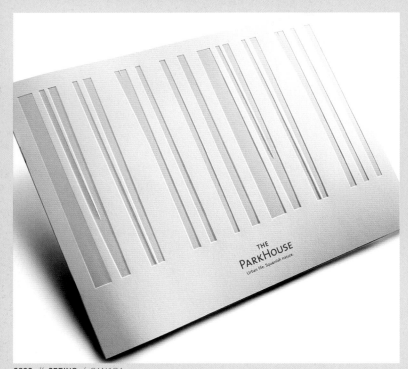

0220 // **SPRING** / CANADA

0221 // **SPARK COMMUNICATIONS, INC.** / USA

0222 // **SUKA DESIGN** / USA

0223 // **SPRING** / CANADA

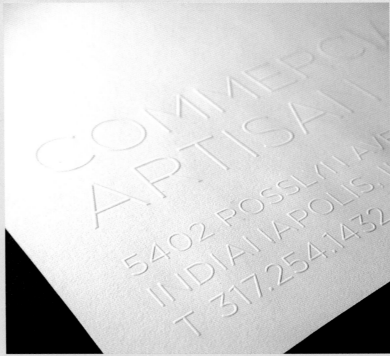

0224 // **WORK LABS** / USA

0225 // **COMMERCIAL ARTISAN** / USA

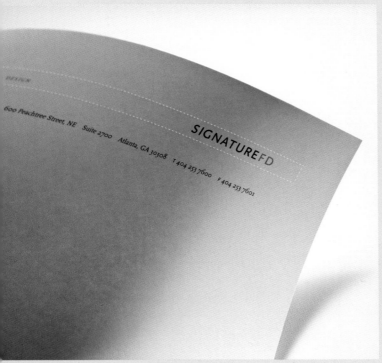

0226 // **GRANT DESIGN COLLABORATIVE** / USA

0227 // **COMMERCIAL ARTISAN** / USA

0229 // **LONGE DESIGN** / UK

0230 // **JADE DESIGN** / UK

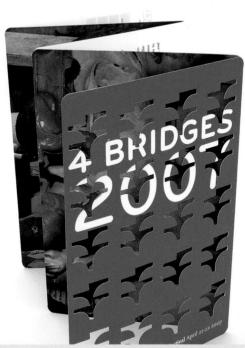

0231 // **WIDGETS & STONE** / USA

0232 // **LONGE DESIGN** / UK

0233 // **WALKER ART CENTER** / USA

0234 // **WALKER ART CENTER** / USA

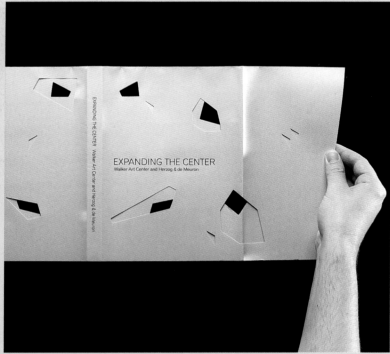

0235 // **WALKER ART CENTER** / USA

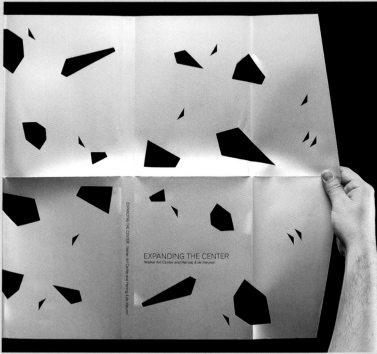

0236 // **WALKER ART CENTER** / USA

0238 // THE WHITE ROOM, INC. / CANADA

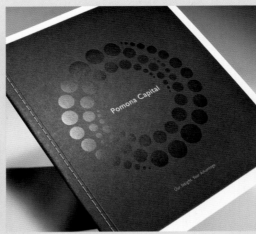

0239 // SUKA DESIGN / USA

0240 // ELFEN / UK

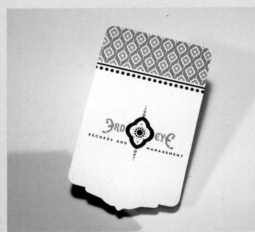

0241 // TIMBER DESIGN CO., INC. / USA

0242 // IE DESIGN + COMMUNICATIONS / USA

0243 // LLOYDS GRAPHIC DESIGN LTD. / NEW ZEALAND

0244 // SPARK STUDIO PTY LTD. / AUSTRALIA

0245 // SUKA DESIGN / USA

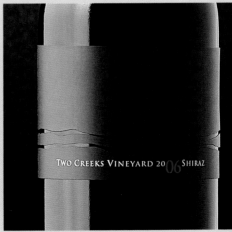

0246 // SPARK STUDIO PTY LTD. / AUSTRALIA

0247 // FUNNEL : ERIK KASS : UTILITARIAN + COMMERCIAL + FINE : ARTS / USA

0248 // MIRIELLO GRAFICO / USA

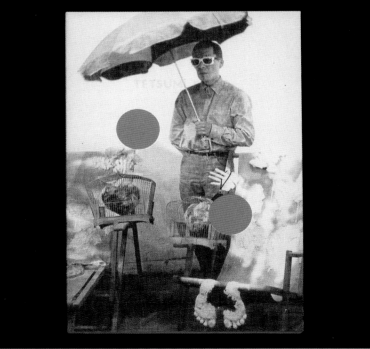

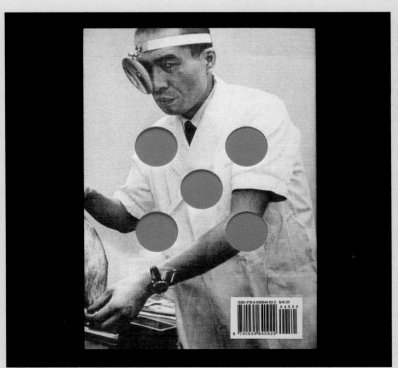

0249 // WALKER ART CENTER / USA

0250 // WALKER ART CENTER / USA

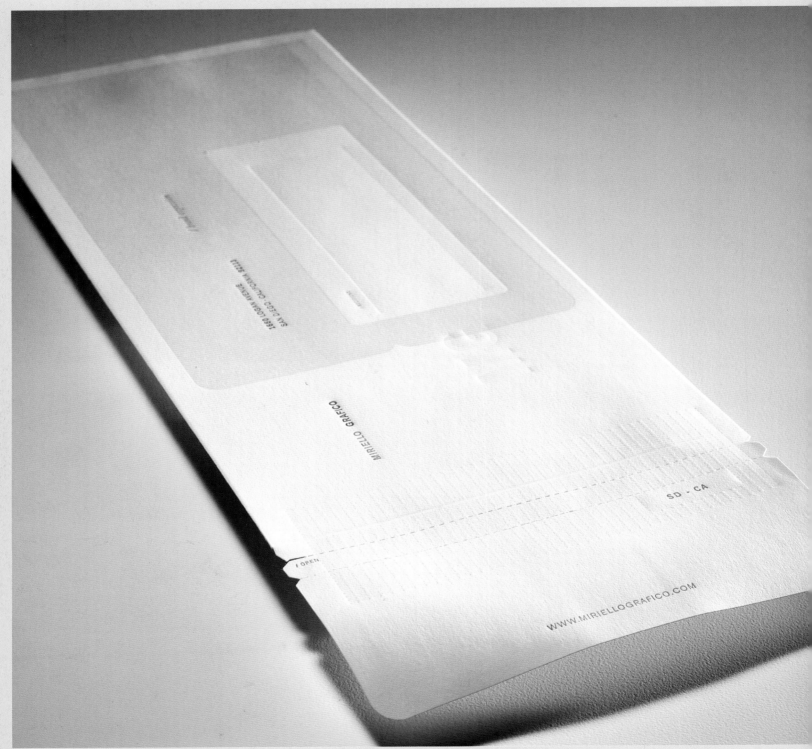

MIRIELLO GRAFICO

SAN DIEGO - CALIFORNIA 92110
1660 LOGAN AVENUE

SD - CA

/ OPEN

WWW.MIRIELLOGRAFICO.COM

0251 // **MIRIELLO GRAFICO** / USA

52 // DRAKE COOPER / USA

0253 // HAYS DESIGN STUDIO / USA

0254 // HAYS DESIGN STUDIO / USA

255 // WEATHER CONTROL / USA

0256 // WEATHER CONTROL / USA

0257 // WEATHER CONTROL / USA

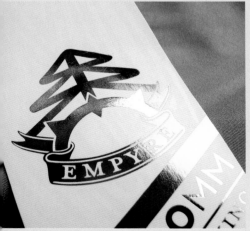

258 // WEATHER CONTROL / USA

0259 // PENTAGRAM DESIGN / USA

0260 // CARRÉ NOIR ROME / ITALY

0261 // KEN-TSAI LEE DESIGN STUDIO / USA

0262 // KEN-TSAI LEE DESIGN STUDIO / USA

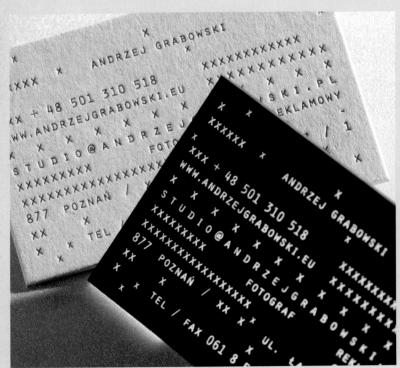

0263 // 3GROUP / POLAND

0264 // WIDGETS & STONE / USA

FORM
FUNCTION
FINISH

MARK WILSON

248.981.9094
mark@markjwilson.com

markjwilson.com

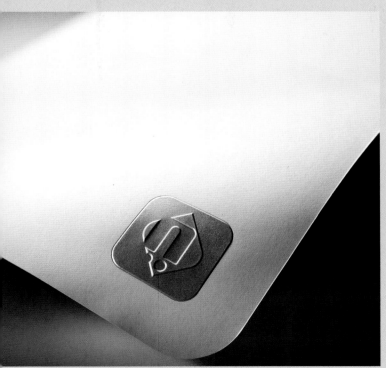

0271 // SUBLIME MIAMI, INC. / USA

0272 // SENSUS DESIGN FACTORY ZAGREB / CROATIA

0273 // CARRÉ NOIR ROME / ITALY

0274 // KENALL ROSS / USA

0275 // LLOYDS GRAPHIC DESIGN LTD. / NEW ZEALAND

0276 // SPARK COMMUNICATIONS, INC. / USA

0277 // ULTRA DESIGN / BRAZIL

0278 // SPARK COMMUNICATIONS, INC. / USA

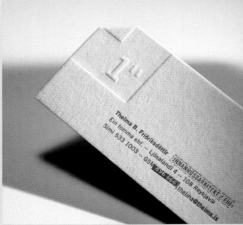

0279 // O! / ICELAND

JUNO DEVELOPMENT   2828 North Hardwood, Suite 1250

JUNO DEVELOPMENT

David Perel
JUNO DEVELOPMENT
7557 Rambler Road, S
Dallas, TX. 75231
phone: 214.265.6557
mobile: 917.902.72
david@junodeve
www.junodeve

JUNO DEVELOPMENT   2828 North Hardwood, Suite 1250   www.jun
phone: 214.261.3500 fax: 214.397.0601 juno@junodevelopment.com

juno@junodevelopment.com   www.ju

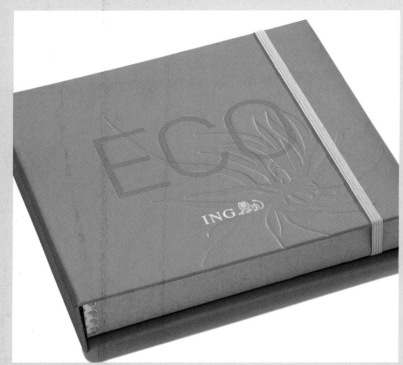

0281 // **BLOK DESIGN** / MEXICO

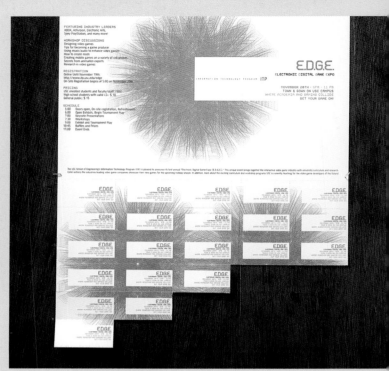

0282 // **GEYRHALTER DESIGN** / USA

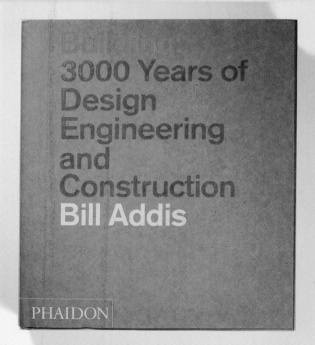

0283 // **MGMT. DESIGN** / USA

0284 // **KEN-TSAI LEE DESIGN STUDIO** / USA

0286 // COUNTERPART COMMUNICATION DESIGN / USA

0287 // **3GROUP** / POLAND

0288 // **UMS DESIGN STUDIO** / INDIA

0289 // **VALENTINE GROUP NEW YORK** / USA

0290 // **JADE DESIGN** / UK

0291 // YIU STUDIO / USA

0292 // DESIGN RELIGION / UK

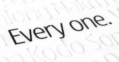

0293 // LONGE DESIGN / UK

0294 // LONGE DESIGN / UK

0295 // EMMI / UK

0296 // WEATHER CONTROL / USA

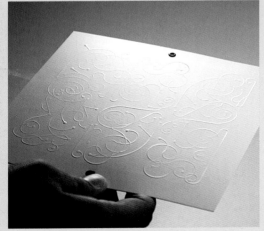

0297 // MATIC / USA

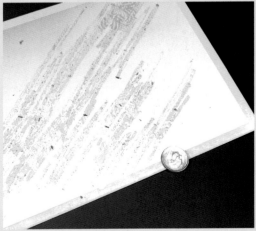

0298 // TOPOS GRAPHICS / USA

0299 // VALENTINE GROUP NEW YORK / USA

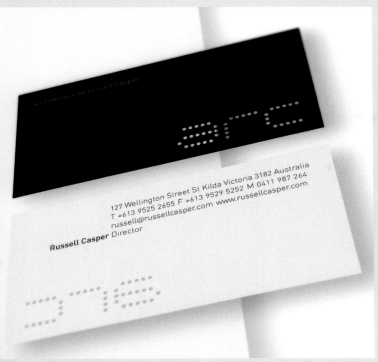

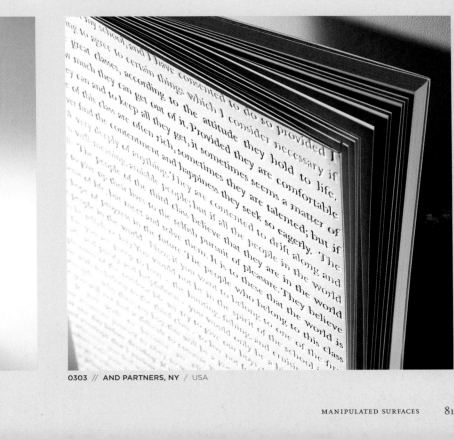

0300 // SPARK STUDIO PTY LTD. / AUSTRALIA

0301 // AND PARTNERS, NY / USA

0302 // DAVID ELLER / USA

0303 // AND PARTNERS, NY / USA

TREAD LIGHTLY

Care for all that matters in 2009.

Gentle holiday wishes from Grant Design Collaborative.

o grant

Protect fragile surfaces with these self-adhesive felt circles. grantcollaborative.com

0304 // **GRANT DESIGN COLLABORATIVE** / USA

0305 // **CREATIVE, INC.** / IRELAND

0306 // **KAA DESIGN GROUP, INC.** / USA

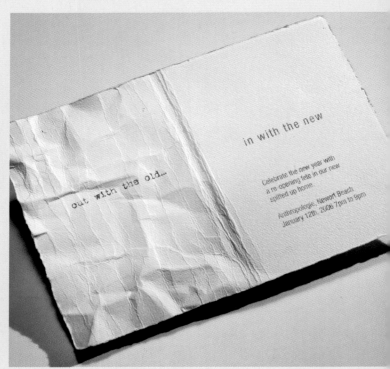

in with the new

out with the old...

Celebrate the new year with
a re-opening fete in our new
spiffed up home.

Anthropologie: Newport Beach
January 12th, 2006 7pm to 9pm

0307 // **ANTHROPOLOGIE** / USA

RUINED / RESTORED / REOPENED

FORMATS AND BINDING

0309 // NEOSCAPE / USA

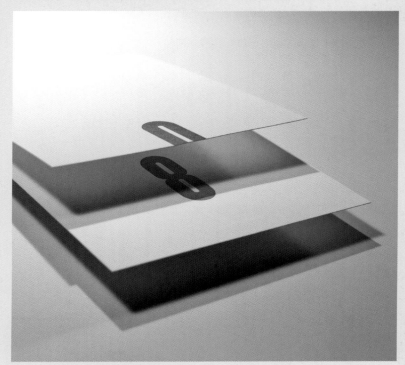

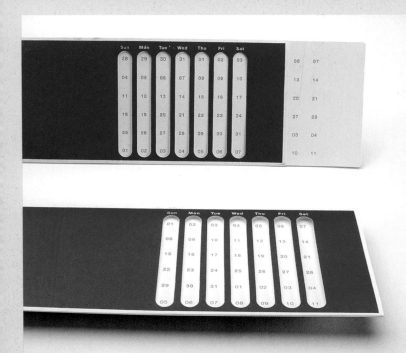

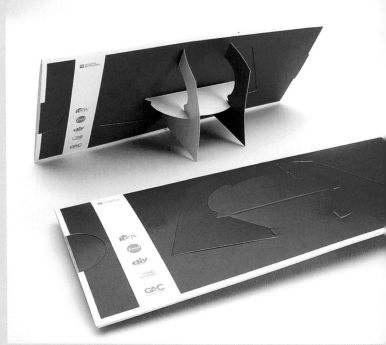

0314 // **WIDGETS & STONE** / USA

0315 // **WIDGETS & STONE** / USA

3562 montreal way
tucker, ga 30084

it's time for a change

0316 // **PRAXIUM PRESS** / USA

0317 // **STORM CORPORATE DESIGN** / NEW ZEALAND

0318 // THE COLLEGE OF SAINT ROSE / USA

0319 // KEN-TSAI LEE DESIGN STUDIO / USA

0320 // CGM / USA

0321 // GRANT DESIGN COLLABORATIVE / USA

0322 // SENSUS DESIGN FACTORY ZAGREB / CROATIA

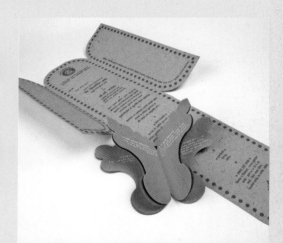

0323 // STORM CORPORATE DESIGN / NEW ZEALAND

0324 // MILOBY IDEASYSTEM / USA

0325 // MILOBY IDEASYSTEM / USA

0326 // MILOBY IDEASYSTEM / USA

0327 // **THE WHITE ROOM, INC.** / CANADA

0328 // **SUKA DESIGN** / USA

0329 // **MIRIELLO GRAFICO** / USA

0330 // **MIRIELLO GRAFICO** / USA

31 // MIRIELLO GRAFICO / USA

0332 // IE DESIGN + COMMUNICATIONS / USA

33 // EBD / USA

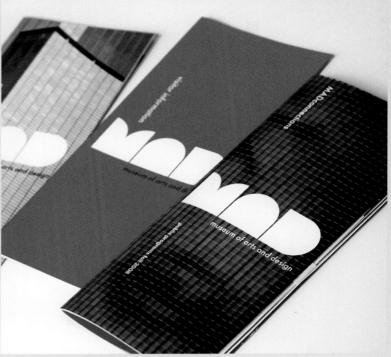

0334 // PENTAGRAM DESIGN / USA

There is enough clutter in the world, so why should GRANT DESIGN COLLABORATIVE design products? Primarily, we love *design* and the design *process*. It feeds our souls. We are passionate about creating *sustainable* ideas and products that *function* beautifully, and this is our MANIFESTO FOR PRODUCT DESIGN.

○ grant.

36 // **MICHAEL COURTNEY DESIGN** / USA

0337 // **WIDGETS & STONE** / USA

8 // **GOUTHIER DESIGN** / USA

0339 // **EBD** / USA

0340 // **CREATIVE, INC.** / IRELAND

0341 // **CREATIVE, INC.** / IRELAND

0342 // **DRAKE COOPER** / USA

0343 // **AND PARTNERS, NY** / USA

0344 // PLAZM / USA

0345 // PLAZM / USA

0346 // PLAZM / USA

0347 // ADAMS MORIOKA, INC. / USA

0348 // ADAMS MORIOKA, INC. / USA

0349 // ADAMS MORIOKA, INC. / USA

0350 // NASSAR DESIGN / USA

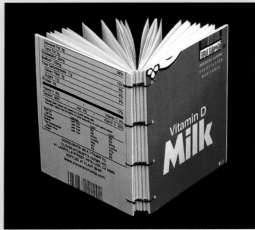

0351 // ELAINE CHU GRAPHIC DESIGN / USA

0352 // PEOPLE DESIGN / USA

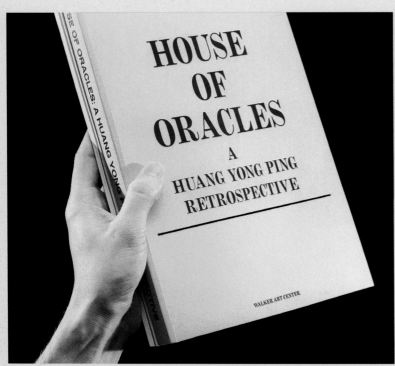

0353 // WALKER ART CENTER / USA

0354 // WALKER ART CENTER / USA

0355 // WALKER ART CENTER / USA

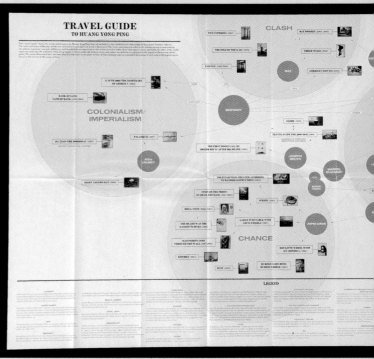

0356 // WALKER ART CENTER / USA

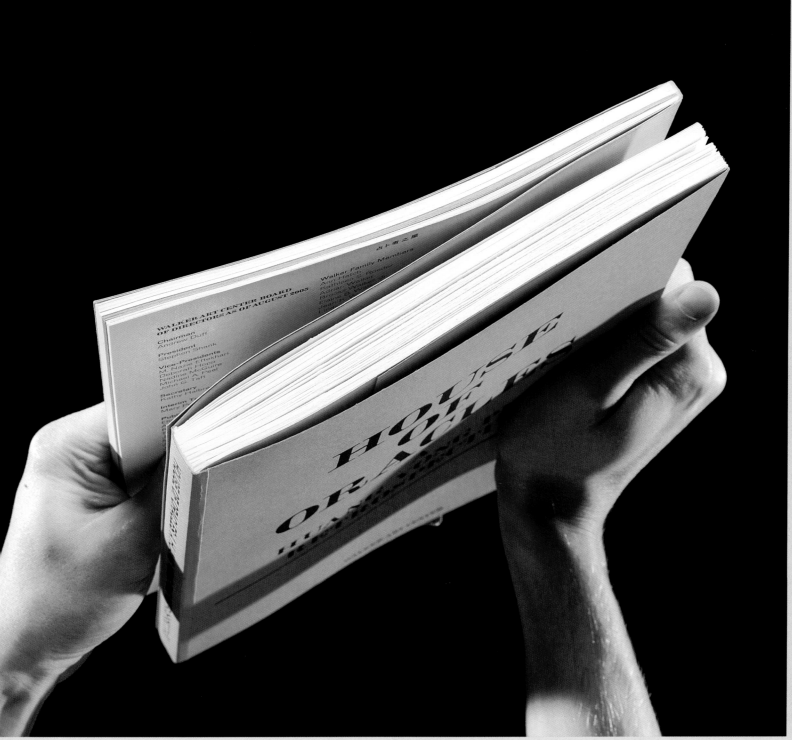

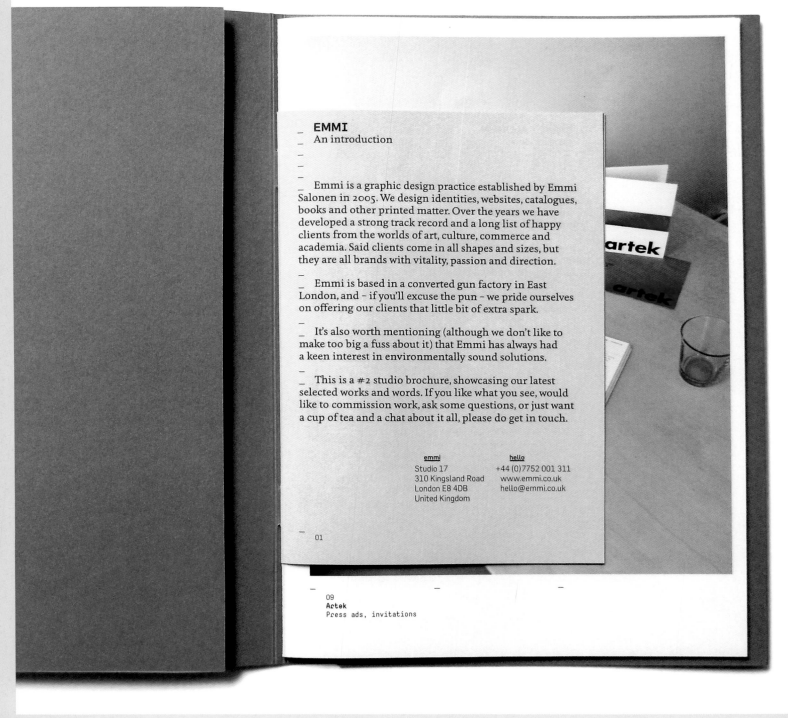

EMMI
_ An introduction
_
_
_
_ Emmi is a graphic design practice established by Emmi Salonen in 2005. We design identities, websites, catalogues, books and other printed matter. Over the years we have developed a strong track record and a long list of happy clients from the worlds of art, culture, commerce and academia. Said clients come in all shapes and sizes, but they are all brands with vitality, passion and direction.

_ Emmi is based in a converted gun factory in East London, and – if you'll excuse the pun – we pride ourselves on offering our clients that little bit of extra spark.

_ It's also worth mentioning (although we don't like to make too big a fuss about it) that Emmi has always had a keen interest in environmentally sound solutions.

_ This is a #2 studio brochure, showcasing our latest selected works and words. If you like what you see, would like to commission work, ask some questions, or just want a cup of tea and a chat about it all, please do get in touch.

emmi
Studio 17
310 Kingsland Road
London E8 4DB
United Kingdom

hello
+44 (0)7752 001 311
www.emmi.co.uk
hello@emmi.co.uk

01

_ 09
Artek
Press ads, invitations

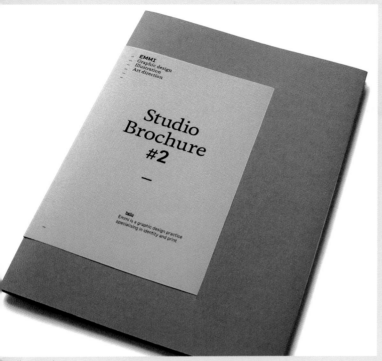

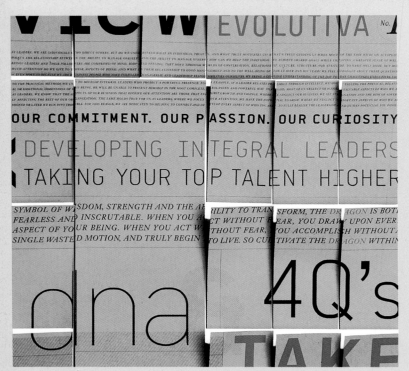

0363 // **BLOK DESIGN** / MEXICO

0364 // **BLOK DESIGN** / MEXICO

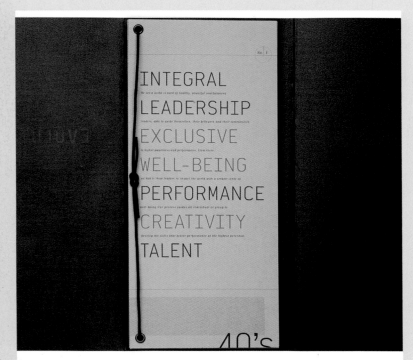

0365 // **BLOK DESIGN** / MEXICO

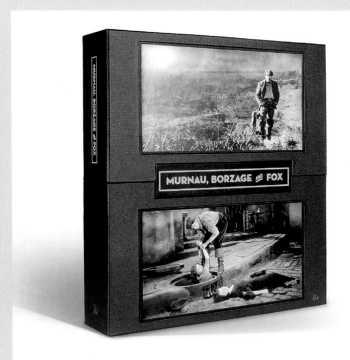

0366 // **PH.D.** / USA

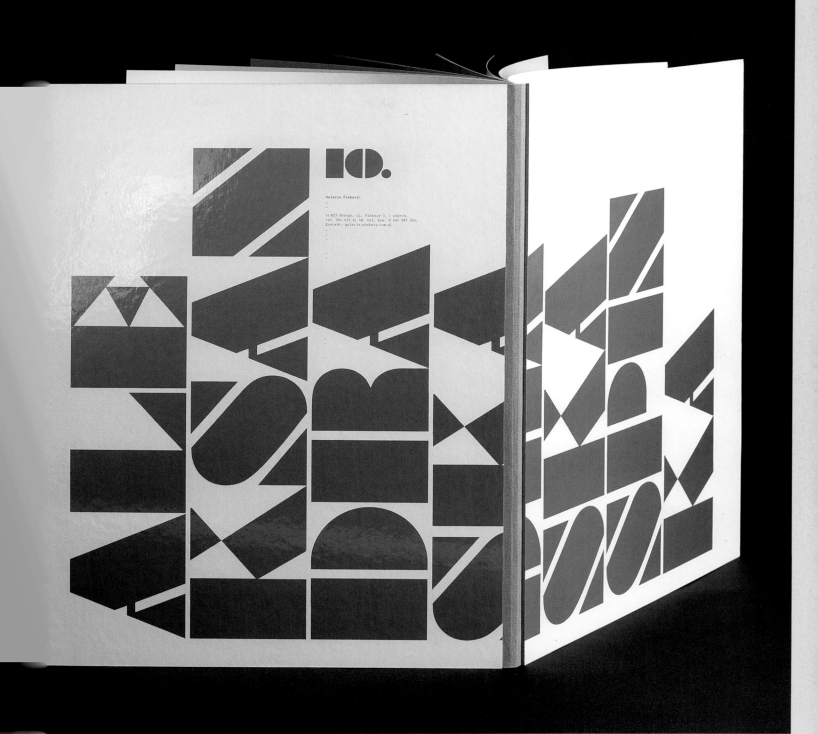

LEIFSDOTTIR

...the beginning

PRESENTATION
FEBRUARY 7TH
4 PM – 8 PM

209 WEST 38T␣ STR

212-2

prese

0369 // LLOYDS GRAPHIC DESIGN LTD. / NEW ZEALAND

0370 // GRANT DESIGN COLLABORATIVE / USA

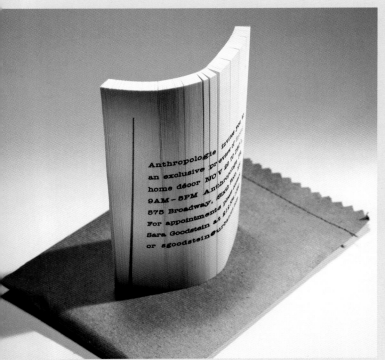

0371 // ANTHROPOLOGIE / USA

0372 // TIMBER DESIGN CO., INC. / USA

0373 // **YIU STUDIO** / USA

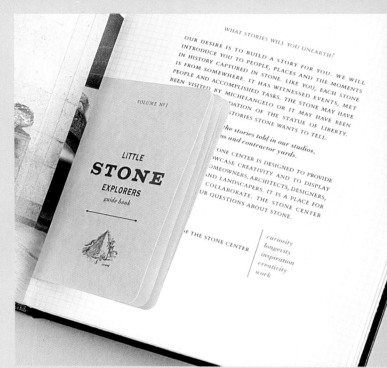

0374 // **WORK LABS** / USA

0375 // **BLOK DESIGN** / MEXICO

0376 // **BLOK DESIGN** / MEXICO

0339 // BERNSTEIN-REIN ADVERTISING / USA

0380 // CHEN DESIGN ASSOCIATES / USA

0381 // NEISSON & DE VRIES / THE NETHERLANDS

0382 // NEISSON & DE VRIES / THE NETHERLANDS

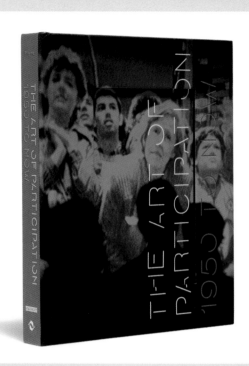

0383 // STORM CORPORATE DESIGN / NEW ZEALAND

0384 // VOLUME, INC. / USA

0385 // MIRKO ILIĆ CORP. / USA

0386 // STORM CORPORATE DESIGN / NEW ZEALAND

87 // TOKY BRANDING + DESIGN / USA

0388 // SPARK STUDIO PTY LTD. / AUSTRALIA

39 // ODED EZER / ISRAEL

0390 // CREATIVE, INC. / IRELAND

El otro Blas

0392 // **EXPLORARE** / MEXICO

0393 // **EXPLORARE** / MEXICO

0394 // **A3 DESIGN** / USA

0395 // **A3 DESIGN** / USA

0396 // KAA DESIGN GROUP, INC. / USA

0397 // SIQUIS / USA

0398 // 3GROUP / POLAND

0399 // BLOK DESIGN / MEXICO

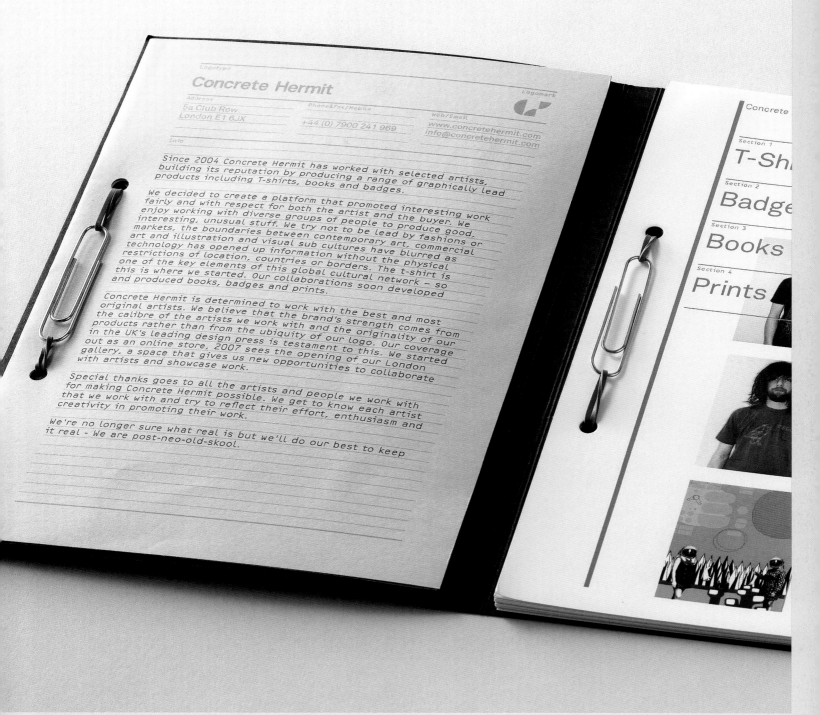

Logotype

Concrete Hermit

Logomark

Address
5a Club Row
London E1 6JX

Phone&Fax/Mobile
+44 (0) 7900 241 969

Web/Email
www.concretehermit.com
info@concretehermit.com

Info

Since 2004 Concrete Hermit has worked with selected artists, building its reputation by producing a range of graphically lead products including T-shirts, books and badges.

We decided to create a platform that promoted interesting work fairly and with respect for both the artist and the buyer. We enjoy working with diverse groups of people to produce good, interesting, unusual stuff. We try not to be lead by fashions or markets, the boundaries between contemporary art, commercial art and illustration and visual sub cultures have blurred as technology has opened up information without the physical restrictions of location, countries or borders. The t-shirt is one of the key elements of this global cultural network – so this is where we started. Our collaborations soon developed and produced books, badges and prints.

Concrete Hermit is determined to work with the best and most original artists. We believe that the brand's strength comes from the calibre of the artists we work with and the originality of our products rather than from the ubiquity of our logo. Our coverage in the UK's leading design press is testament to this. We started out as an online store, 2007 sees the opening of our London gallery, a space that gives us new opportunities to collaborate with artists and showcase work.

Special thanks goes to all the artists and people we work with for making Concrete Hermit possible. We get to know each artist that we work with and try to reflect their effort, enthusiasm and creativity in promoting their work.

We're no longer sure what real is but we'll do our best to keep it real - We are post-neo-old-skool.

Concrete

Section 1
T-Sh

Section 2
Badge

Section 3
Books

Section 4
Prints

02 // PLAZM / USA

0403 // ANTHROPOLOGIE / USA

04 // EMMI / UK

0405 // GRANT DESIGN COLLABORATIVE / USA

0406 // **A3 DESIGN** / USA

0407 // **SENSUS DESIGN FACTORY ZAGREB** / CROATIA

0408 // **GOUTHIER DESIGN** / USA

0409 // **CLEAR MARKETING** / UK

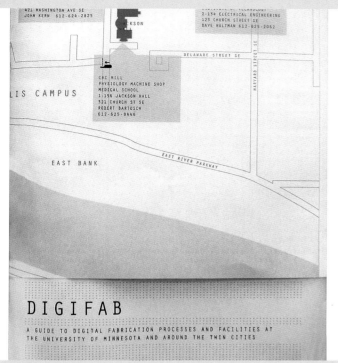

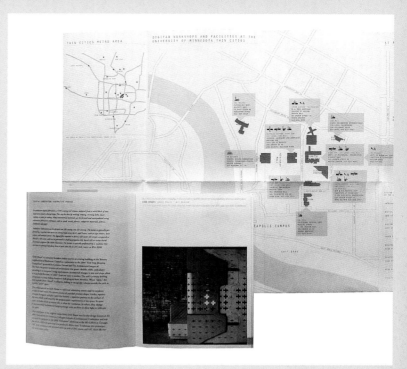

10 // **MGMT. DESIGN** / USA

0411 // **MGMT. DESIGN** / USA

12 // **GOUTHIER DESIGN** / USA

0413 // **EBD** / USA

0414 // **GRANT DESIGN COLLABORATIVE** / USA

0415 // **SUKA DESIGN** / USA

0416 // **AND PARTNERS, NY** / USA

0417 // **TOKY BRANDING + DESIGN** / USA

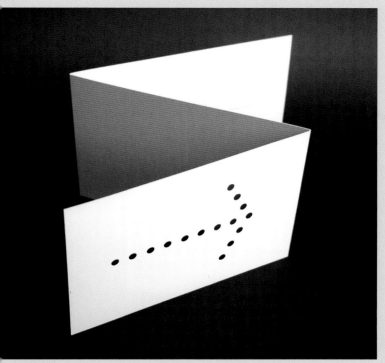

0420 // **KINETIK** / USA

0421 // **EBD** / USA

0422 // **STORM CORPORATE DESIGN** / NEW ZEALAND

0423 // **999** / UK

0424 // **AND PARTNERS, NY** / USA

0425 // **GRANT DESIGN COLLABORATIVE** / USA

0426 // **FUSE COMMUNICATIONS** / USA

0427 // **20FIRST** / GERMANY

8 // CHEN DESIGN ASSOCIATES / USA

0429 // CHEN DESIGN ASSOCIATES / USA

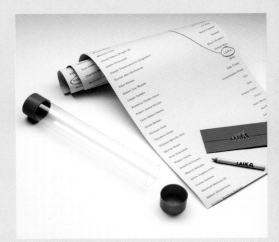

0430 // PLAZM / USA

31 // LARA KAVVAS / USA

0432 // WORK LABS / USA

0433 // PLAZM / USA

34 // GRANT DESIGN COLLABORATIVE / USA

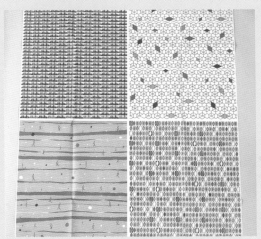

0435 // GRANT DESIGN COLLABORATIVE / USA

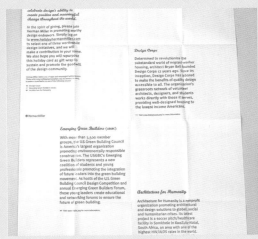

0436 // GRANT DESIGN COLLABORATIVE / USA

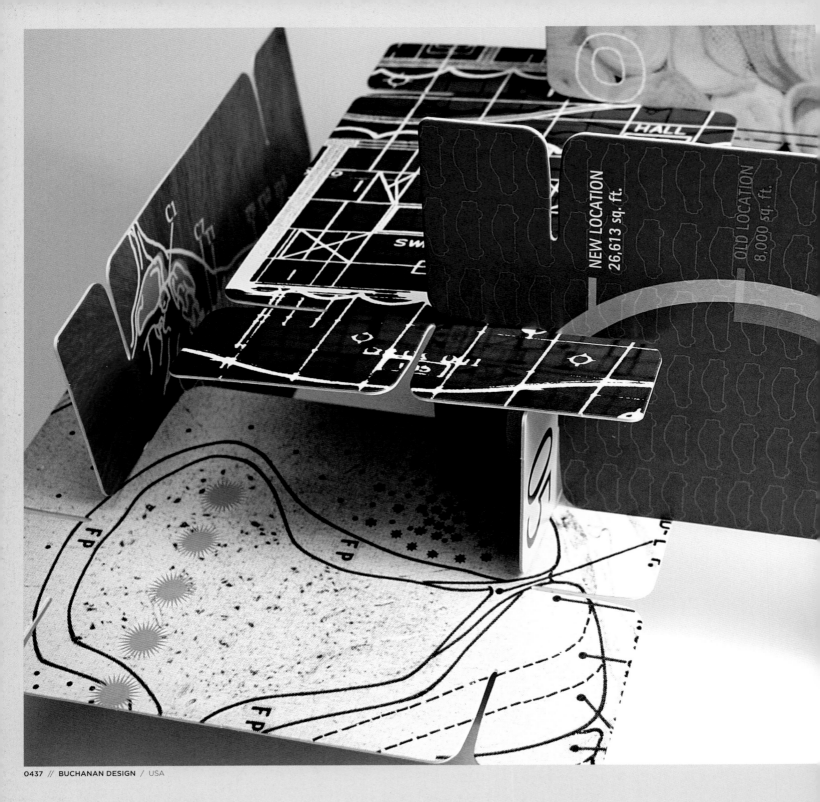

0438 // **FUSE COMMUNICATION** / USA

0439 // **ROCKETDOG COMMUNICATIONS** / USA

0440 // **FACTOR TRES** / MEXICO

0441 // **KINETIK** / USA

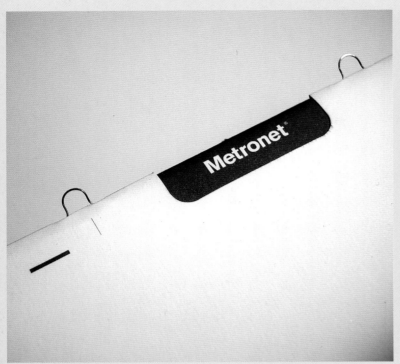

0442 // SENSUS DESIGN FACTORY ZAGREB / CROATIA

0443 // VALENTINE GROUP NEW YORK / USA

0444 // STORM CORPORATE DESIGN / NEW ZEALAND

0445 // GOUTHIER DESIGN / USA

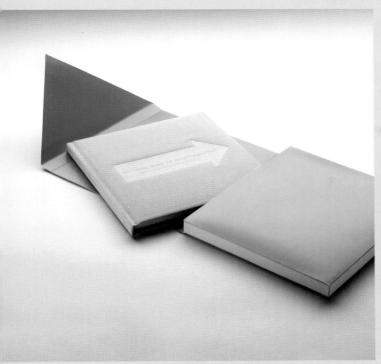

0446 // **PLAZM** / USA

0447 // **DAMION HICKMAN DESIGN** / USA

0448 // **BOOKARTISAN** / USA

0449 // **PLAZM** / USA

SUB STANCE

JAMES GREENAWAY
CREATIVE DIRECTOR
JAMES@DESIGNWITHSUBSTANCE.CO.UK

121 PALATINE ROAD, DIDSBURY, MANCHESTER, M20 3YA
T. 0161 448 8008 F. 0161 448 8209 DESIGNWITHSUBSTANCE.CO.UK

0451 // NOTHING : SOMETHING : NY / USA

0452 // SUKA DESIGN / USA

0453 // MIRKO ILIĆ CORP. / USA

0454 // TANGERINE UK LTD. / UK

0455 // GRANT DESIGN COLLABORATIVE / USA

0456 // GRANT DESIGN COLLABORATIVE / USA

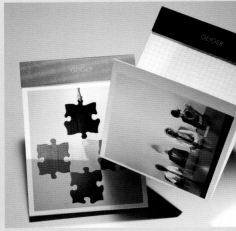

0457 // GRANT DESIGN COLLABORATIVE / USA

0458 // EMMI / UK

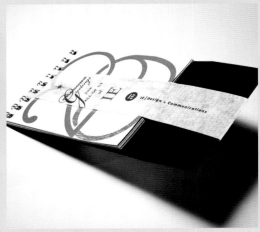

0459 // IE DESIGN + COMMUNICATIONS / USA

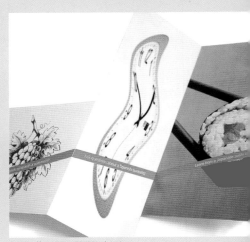

0460 // JADE DESIGN / UK

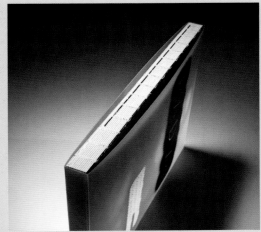

0461 // AUFULDISH & WARINNER / USA

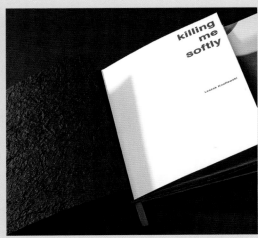

0462 // 3GROUP / POLAND

0463 // INSIGHT CREATIVE / NEW ZEALAND

4 // **PLAZM** / USA

0465 // **IE DESIGN + COMMUNICATIONS** / USA

6 // **LOREM** / ITALY

0467 // **CHEN DESIGN ASSOCIATES** / USA

0468 // BUCHANAN DESIGN / USA

0469 // SOCKEYE CREATIVE / USA

0470 // BRIDGER CONWAY / USA

0471 // GRANT DESIGN COLLABORATIVE / USA

0472 // **WALKER ART CENTER** / USA

0473 // **STORM CORPORATE DESIGN** / NEW ZEALAND

0474 // **GRANT DESIGN COLLABORATIVE** / USA

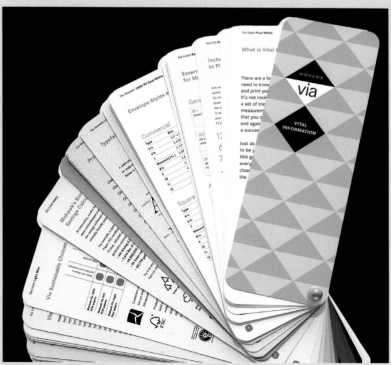

0475 // **ADAMS MORIOKA, INC.** / USA

THE SCULPTURE GALLERY
FORMERLY MR. NICKERSON'S ART GALLERY AND
MR. FISHER'S TROPHY ROOM AND RARE BOOK LIBRARY

*Plate 10. Mr. Fisher's Trophy Room
and Rare Book Library, Fisher Period, c.1900
Plate 11. The Sculpture Gallery*

7 // **THE WHITE ROOM, INC.** / CANADA

0478 // **THE WHITE ROOM, INC.** / CANADA

79 // **KINETIK** / USA

0480 // **THE COMPOUND ADVERTISING & DESIGN** / USA

7 AVENUE
8 AVENUE
9 AVENUE
29th street
28th street
27th street
26th street

ADD-ONS

0482 // BERNSTEIN-REIN ADVERTISING / USA

0483 // GUTIERREZ DESIGN ASSOCIATES / USA

0484 // WALKER ART CENTER / USA

0485 // CREATIVE, INC. / IRELAND

0486 // TOPOS GRAPHICS / USA

0487 // TIMBER DESIGN CO., INC. / USA

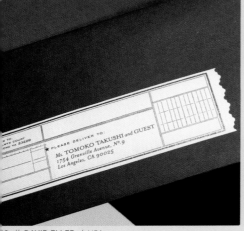
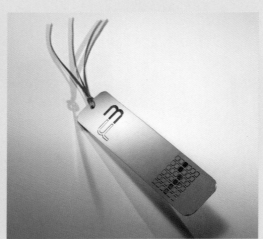

0488 // DAVID ELLER / USA

0489 // FACTOR TRES / MEXICO

0490 // SIQUIS / USA

0491 // **WILLOUGHBY DESIGN GROUP** / USA

0492 // **WILLOUGHBY DESIGN GROUP** / USA

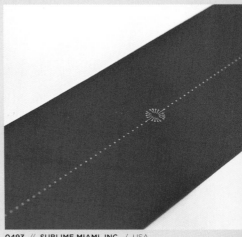

0493 // **SUBLIME MIAMI, INC.** / USA

0494 // **SIQUIS** / USA

0495 // **BASEMAN DESIGN ASSOCIATES** / USA

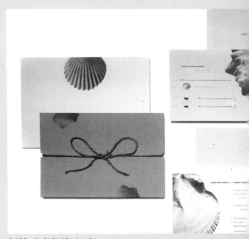

0496 // **SIQUIS** / USA

0497 // **EMBLEM CREATIVE** / USA

0498 // **BUCHANAN DESIGN** / USA

0499 // **CREATIVE, INC.** / IRELAND

0501 // WEATHER CONTROL / USA

0503 // WEATHER CONTROL / USA

AND
NING

...cious open-air atrium with
...oned artwork surrounded by
...porary private residences
...lable for purchase at this
...vent. Get an exclusive first
...s largest, most elaborate sales
...a fully-constructed model
...plans will be released at the
...Early reservations will be
...the best selection and pre-
...ing... enabling your investment
...something even more beautiful.

...ptember 27, 2007 5-8 pm

...les Office · 625 Washington Ave.
...alet Parking Available
...of 7th Street & Washington Ave.)
...ay Hederman at 314-269-8011
...svp@thelaurelstlouis.com

Plant A Seed, Watch It Grow.

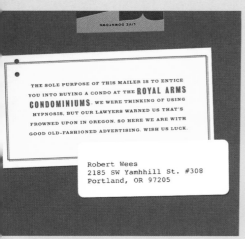

5 // **SOCKEYE CREATIVE** / USA

0506 // **CHEN DESIGN ASSOCIATES** / USA

0507 // **KAA DESIGN GROUP, INC.** / USA

3 // **JOHNSTON DUFFY** / USA

0509 // **WILLOUGHBY DESIGN GROUP** / USA

0510 // **SHAPIRO WALKER DESIGN** / USA

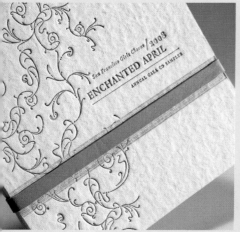

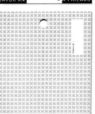

// **CHEN DESIGN ASSOCIATES** / USA

0512 // **SENSUS DESIGN FACTORY ZAGREB** / CROATIA

0513 // **EMBLEM CREATIVE** / USA

0514 // COMMERCIAL ARTISAN / USA

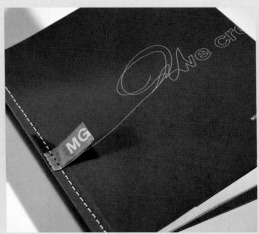

0515 // MIRIELLO GRAFICO / USA

0516 // CREATIVE, INC. / IRELAND

0517 // SPARK STUDIO PTY LTD. / AUSTRALIA

0518 // KAA DESIGN GROUP, INC. / USA

0519 // AND PARTNERS, NY / USA

0520 // GROUP 55 MARKETING / USA

0521 // EXPLORARE / MEXICO

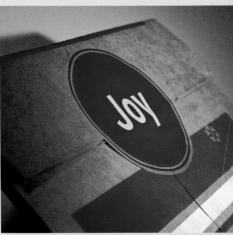

0522 // BERNSTEIN-REIN ADVERTISING / USA

3 // TOKY BRANDING + DESIGN / USA

0524 // GRANT DESIGN COLLABORATIVE / USA

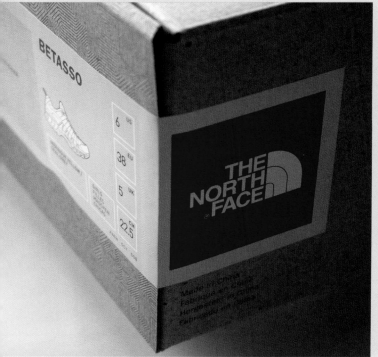

6 // CHEN DESIGN ASSOCIATES / USA

0526 // BURGEFF DESIGN / MEXICO

8 // GOUTHIER DESIGN / USA

0529 // GRANT DESIGN COLLABORATIVE / USA

0530 // BASEMAN DESIGN ASSOCIATES / USA

1 // EBD / USA

0532 // GRANT DESIGN COLLABORATIVE / USA

0533 // BLOK DESIGN / MEXICO

4 // MIRIELLO GRAFICO / USA

0535 // GRANT DESIGN COLLABORATIVE / USA

0536 // A3 DESIGN / USA

0537 // BERNSTEIN-REIN ADVERTISING / USA

0538 // COMMERCIAL ARTISAN / USA

0539 // MIRKO ILIĆ CORP. / USA

0540 // VOLUME, INC. / USA

0541 // CHEN DESIGN ASSOCIATES / USA

0542 // 3 ADVERTISING / USA

0543 // WEATHER CONTROL / USA

0544 // WEATHER CONTROL / USA

0545 // WEATHER CONTROL / USA

/ brand expression

WWW.MIRIELLOGRAFICO.COM

MIRIELLO GRAFICO

Ron Miriello
ron@miriellografico.com

1660 LOGAN AVENUE
SAN DIEGO - CALIFORNIA 92113
619.234.1124/ TEL 1960/ FAX

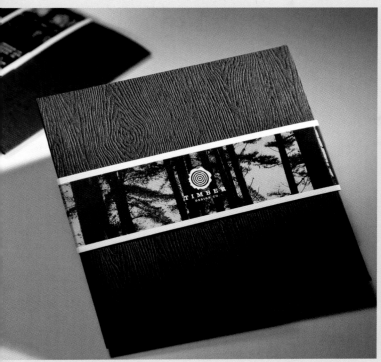

PRIMUL PAS

0552 // COMMERCIAL ARTISAN / USA

0553 // YIU STUDIO / USA

0554 // LONGE DESIGN / UK

0555 // YIU STUDIO / USA

0556 // AUFULDISH & WARINNER / USA

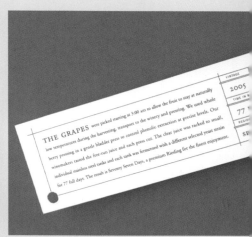

0557 // SHAPIRO WALKER DESIGN / USA

0558 // JADE DESIGN / UK

0559 // ANGRYPORCUPINE*DESIGN / USA

0560 // GOUTHIER DESIGN / USA

The invitation on the cover reads:

Invitation
8th February
2007. 7-9pm
Design Museum

dovetail

_seamless thinking

UNIQUE
MATERIALS

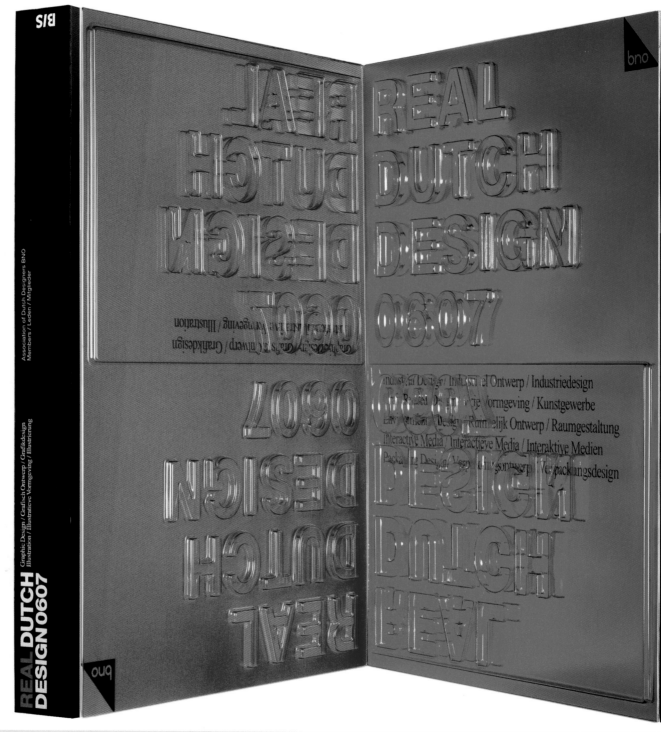

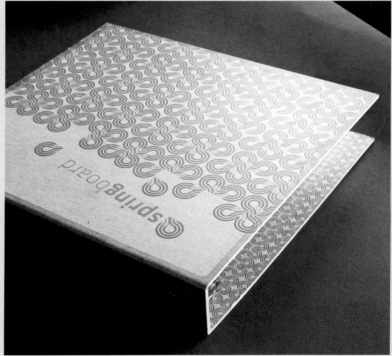

0567 // ELFEN / UK

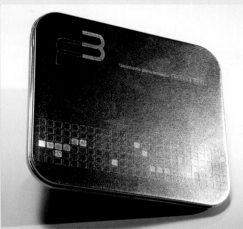

0568 // FACTOR TRES / MEXICO

0569 // GRANT DESIGN COLLABORATIVE / USA

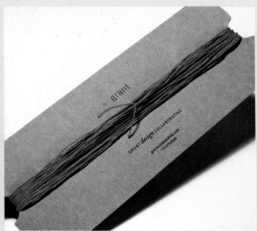

0570 // GRANT DESIGN COLLABORATIVE / USA

0571 // YESDESIGNGROUP / USA

0572 // THONIK / THE NETHERLANDS

0573 // GRANT DESIGN COLLABORATIVE / USA

0574 // TIMBER DESIGN CO., INC. / USA

0575 // GRANT DESIGN COLLABORATIVE / USA

// HELENA SEO DESIGN / USA

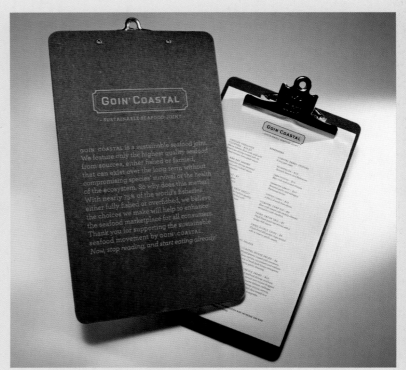

0578 // ANTHROPOLOGIE / USA

0579 // STERLING BRANDS / USA

WILLOUGHBY DESIGN GROUP
30TH ANNIVERSARY
PARTY AT THE DESIGN BARN

JOIN US FOR
FOLK MUSIC, FOOD & FRIENDS

October 18, 2008

Willoughby Design Barn
Weston, Missouri

3–10 p.m.

RSVP BY 10.8.08 AND GET
EVENT DETAILS AND DIRECTIONS AT:
RSVP.WILLOUGHBYDESIGN.COM

0580 // WILLOUGHBY DESIGN GROUP / USA

0581 // GRANT DESIGN COLLABORATIVE / USA

0582 // TANGERINE UK LTD. / UK

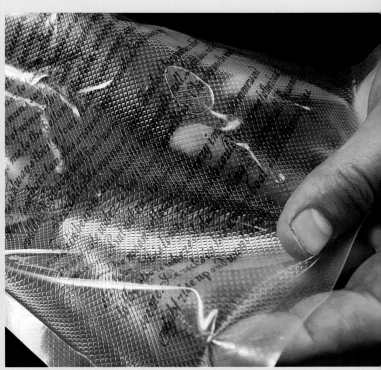

0583 // TOPOS GRAPHICS / USA

0584 // KINETIK / USA

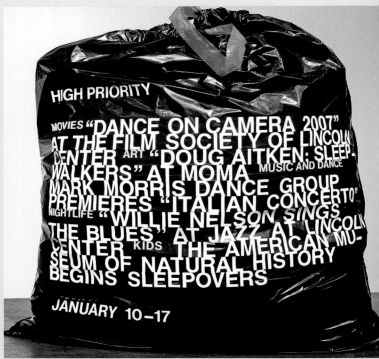

0585 // WIDGETS & STONE / USA

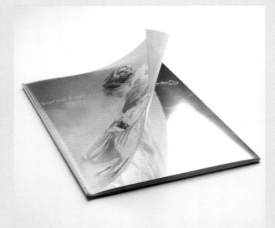

0588 // AUFULDISH & WARINNER / USA

0589 // STUDIO LARUA MORETTI / ITALY

0590 // GRANT DESIGN COLLABORATIVE / USA

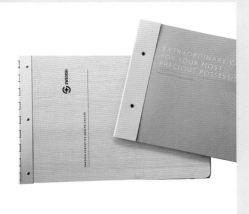

0591 // WORKER BEES, INC. / USA

0592 // GRANT DESIGN COLLABORATIVE / USA

0593 // KAA DESIGN GROUP, INC. / USA

0594 // THE WHITE ROOM, INC. / CANADA

0595 // SUKA DESIGN / MEXICO

0596 // BLOK DESIGN / MEXICO

0597 // **UNFOLD STUDIO** / UK

0598 // **UNFOLD STUDIO** / UK

0599 // **CHEN DESIGN ASSOCIATES** / USA

0600 // **TOKY BRANDING + DESIGN** / USA

03 // THE WHITE ROOM, INC. / CANADA

0604 // WEATHER CONTROL / USA

05 // LLOYDS GRAPHIC DESIGN LTD. / NEW ZEALAND

0606 // STUDIO BLUE / USA

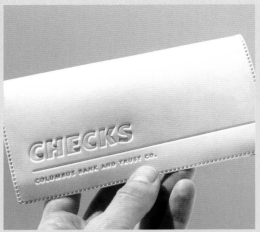
0607 // **TOPOS GRAPHICS** / USA

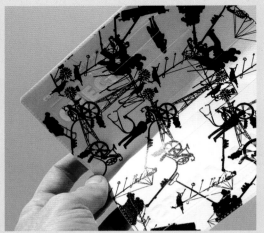
0608 // **TOPOS GRAPHICS** / USA

0609 // **TOPOS GRAPHICS** / USA

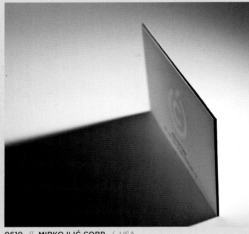
0610 // **MIRKO ILIĆ CORP.** / USA

0611 // **GRANT DESIGN COLLABORATIVE** / USA

0612 // **MINE™** / USA

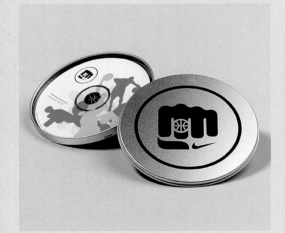
0613 // **PLAZM** / USA

0614 // **ZYNC COMMUNICATIONS, INC.** / CANADA

0615 // **PLAZM** / USA

ReadyMade

Berger/Hawthorne

ReadyMade

HOW TO MAKE {ALMOST} EVERYTHING
A Do-It-Yourself Primer

ReadyMade

HOW TO MAKE {ALMOST} EVERYTHING

A Do-It-Yourself Primer

You need this book. As the stuff of life piles up and things spin out of control, we could all use a little help. These never-before-seen designs and how-tos are full of surprise and wonder. Learn how to turn everyday objects into spellbinding inventions to give away to friends or keep for yourself. Our simple self-improvement techniques will make you smarter, better looking, and more well-adjusted. **Shoshana Berger** and **Grace Hawthorne**, the founders of *ReadyMade* magazine, have fed and cared for this animal. It will not be domesticated. It runs wild and breathes free.

ISBN 1-4000-8107-6

52500

9 781400 081073

8 // **EMBLEM CREATIVE** / USA

0619 // **EMBLEM CREATIVE** / USA

20 // **MIRKO ILIĆ CORP.** / USA

0621 // **MINE™** / USA

0622 // **WORK LABS** / USA

0623 // **PLAZM** / USA

0624 // **THE WHITE ROOM, INC.** / CANADA

0625 // **WORK LABS** / USA

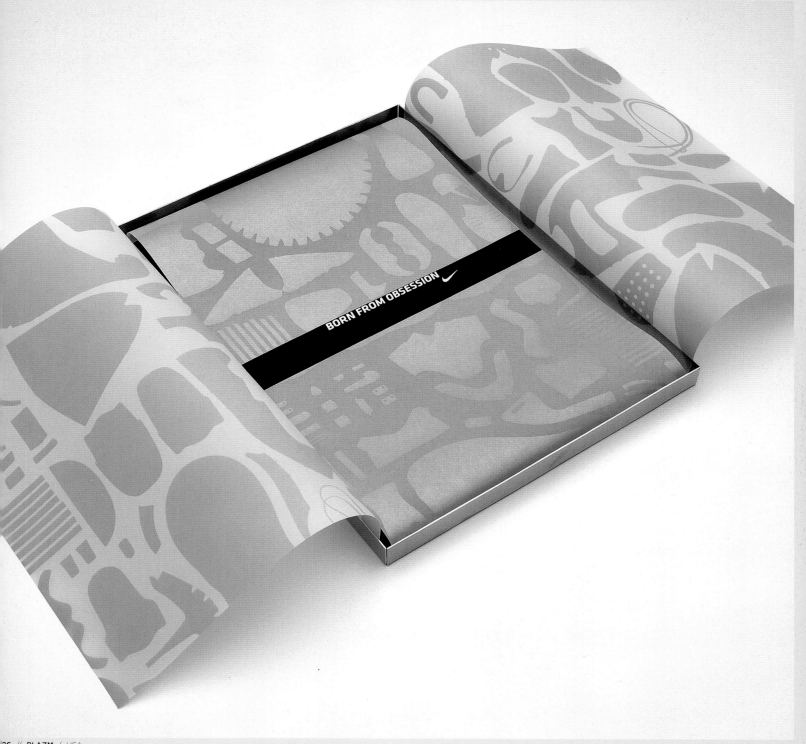

BORN FROM OBSESSION

0627 // KAA DESIGN GROUP, INC. / USA

0628 // PH.D. / USA

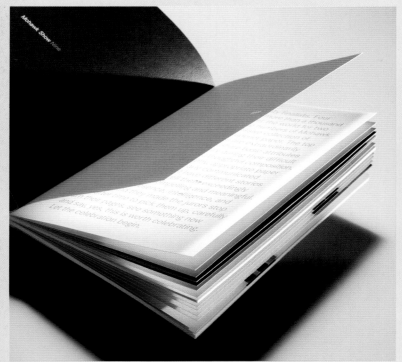

0629 // KINETIK / USA

0630 // BRIDGER CONWAY / USA

1 // STUDIO BLUE / USA

0632 // PENTAGRAM DESIGN / USA

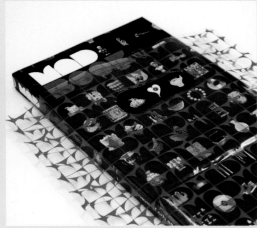

0633 // PENTAGRAM DESIGN / USA

4 // LISETTE GECEL / USA

0635 // STERLING BRANDS / USA

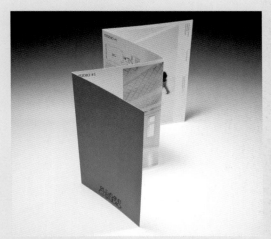

06436 // EMMI / UK

37 // BRIDGER CONWAY / USA

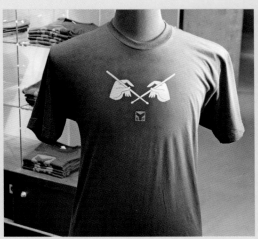

0638 // CHEN DESIGN ASSOCIATES / USA

0639 // CHEN DESIGN ASSOCIATES / USA

A PICTURE MAY SPEAK
A THOUSAND WORDS.

BUT WHAT IF THEY'RE
THE WRONG ONES?

1 // THE WHITE ROOM,INC. / CANADA

0642 // AND PARTNERS, NY / USA

43 // STUDIO BLUE / USA

0644 // EBD / USA

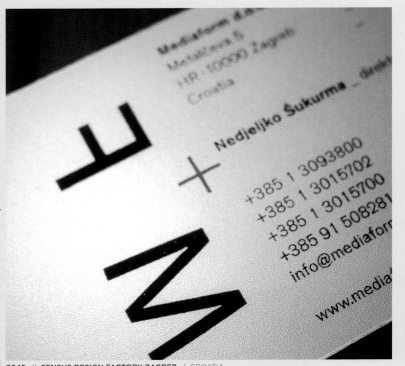

0645 // **SENSUS DESIGN FACTORY ZAGREB** / CROATIA

0646 // **20FIRST** / GERMANY

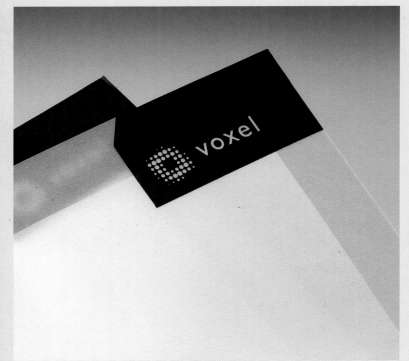

0647 // **MATIC** / USA

0648 // **MIRKO ILIČ CORP.** / USA

COME TO YOUR SENSES.

MONDAY, MARCH 21ST, 2005 AT 6:30PM.

COME TO YOUR SENSES.

MUZAK INVITES YOU AND A GUEST TO AN EXCLUSIVE EVENING WITH MARTIN LINDSTROM

m
muzak

EVER WONDER WHAT A ROSE SOUNDS LIKE?

...ap into the well of
...of creative power
...ated in a way that
...gs long forgotten.
...u there.

GRAPHIC
DEVICES

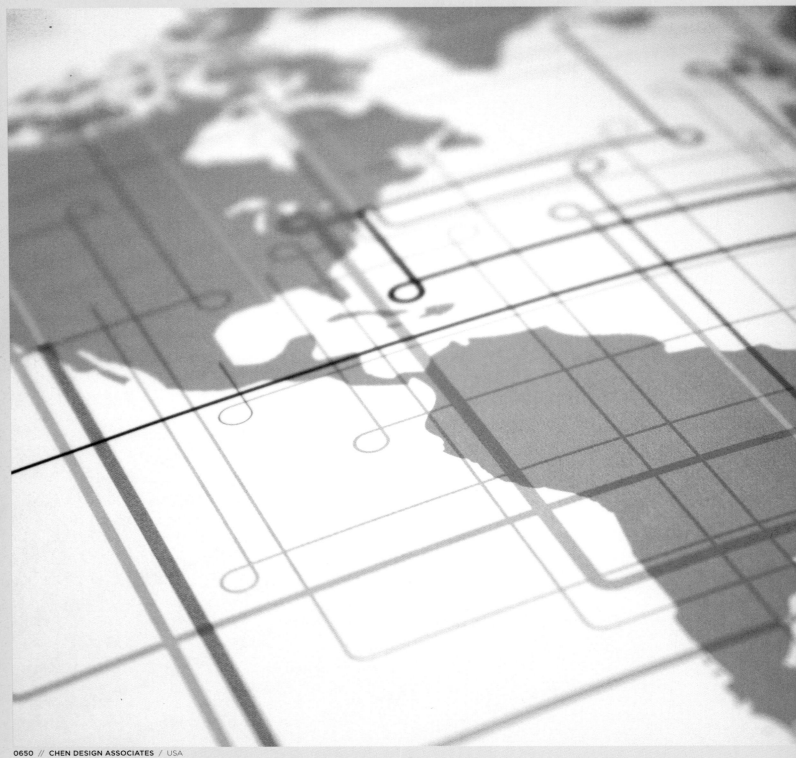

0651 // **CHEN DESIGN ASSOCIATES** / USA

0652 // **CHEN DESIGN ASSOCIATES** / USA

0653 // **CHEN DESIGN ASSOCIATES** / USA

0654 // **CHEN DESIGN ASSOCIATES** / USA

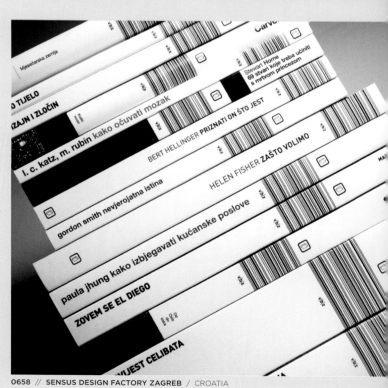

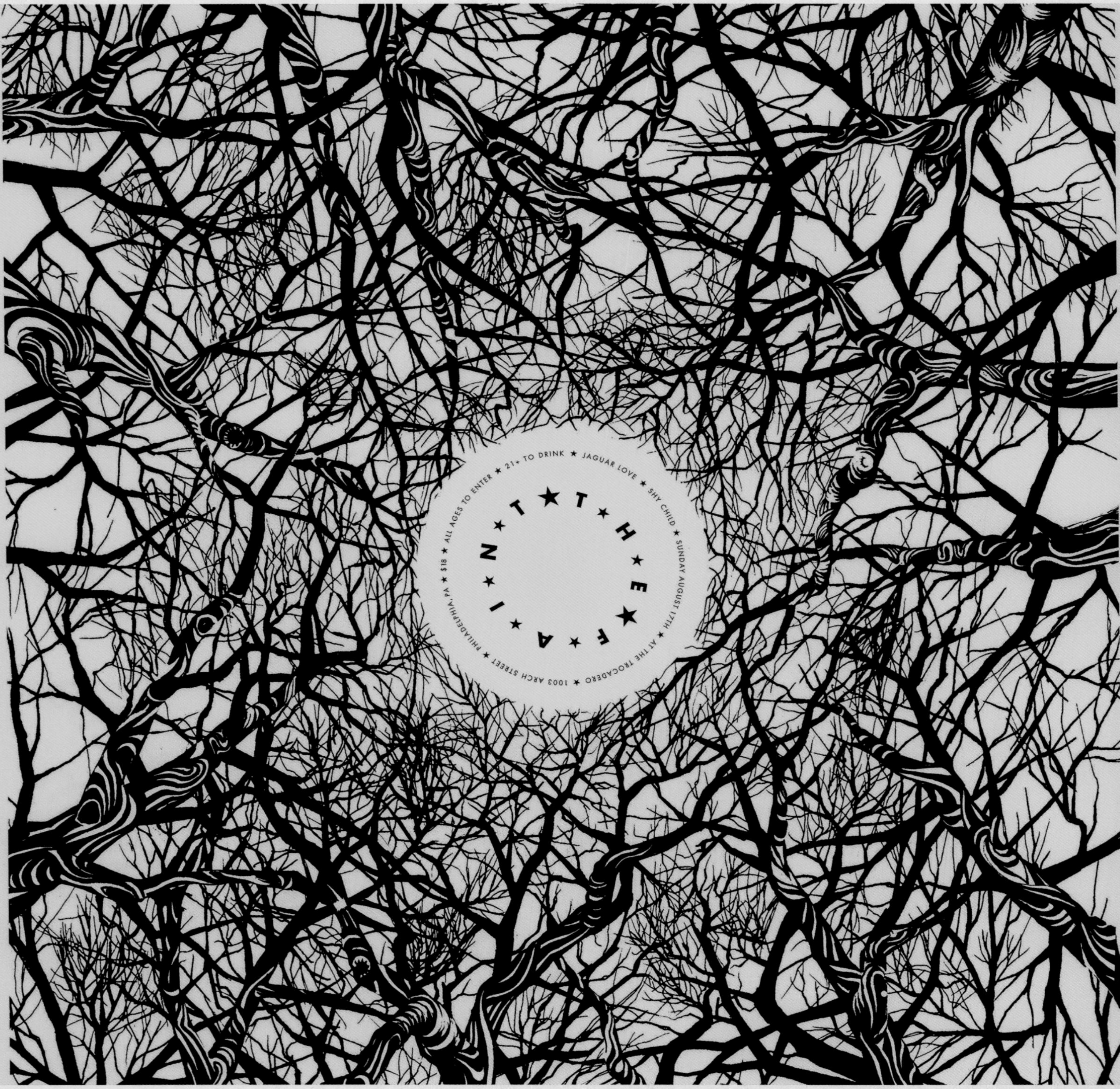
THE FAINT
JAGUAR LOVE ★ SHY CHILD ★ SUNDAY AUGUST 17TH ★ AT THE TROCADERO ★ 1003 ARCH STREET ★ PHILADELPHIA, PA ★ $18 ★ ALL AGES TO ENTER ★ 21+ TO DRINK ★

0660 // **CALAGRAPHIC DESIGN** / USA

0661 // CALAGRAPHIC DESIGN / USA

HOPE FOR PEACE

0662 // CALAGRAPHIC DESIGN / USA

0663 // CALAGRAPHIC DESIGN / USA

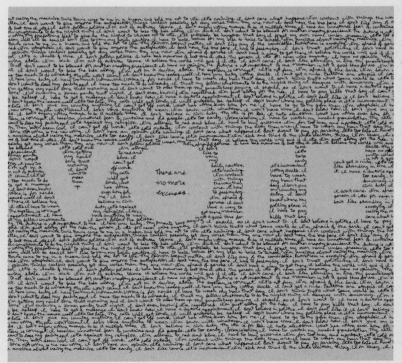

0664 // CALAGRAPHIC DESIGN / USA

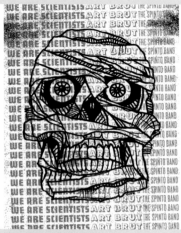

0665 // **AESTHETIC APPARATUS** / USA

0666 // **AESTHETIC APPARATUS** / USA

0667 // **AESTHETIC APPARATUS** / USA

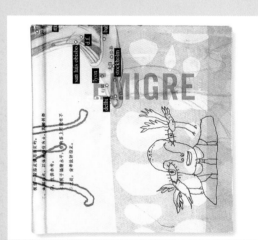

0668 // **BLOK DESIGN** / MEXICO

0669 // **BLOK DESIGN** / MEXICO

0670 // **BLOK DESIGN** / MEXICO

0671 // **ZYNC COMMUNICATIONS, INC.** / CANADA

0672 // **BURGEFF DESIGN** / MEXICO

0673 // **ADAMS MORIOKA, INC.** / USA

0675 // SAMURAI, INC. / JAPAN

0677 // SAMURAI, INC. / JAPAN

EAT YOUR HEART OUT

YOUR STOMACH HAS MET IT'S MATCH. AUSTIN'S FINEST RESTAURANTS
DISHING UP YOUR FAVORITE FOODS WITH WINES PROVIDED BY TWIN LIQUORS AND
DOZENS OF TEXAS'S MOST ENCHANTING VINEYARDS AT THIS YEAR'S LA DOLCE VITA.
COME AND INDULGE - YOUR TASTE BUDS WILL THANK YOU.

LA DOLCE VITA

BUY TICKETS ONLINE AT WWW.AMOA.ORG/LDV

0678 // EMBLEM CREATIVE / USA

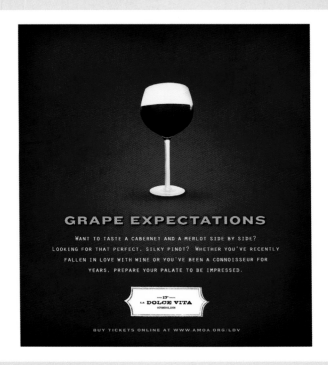

GRAPE EXPECTATIONS

WANT TO TASTE A CABERNET AND A MERLOT SIDE BY SIDE?
LOOKING FOR THAT PERFECT, SILKY PINOT? WHETHER YOU'VE RECENTLY
FALLEN IN LOVE WITH WINE OR YOU'VE BEEN A CONNOISSEUR FOR
YEARS, PREPARE YOUR PALATE TO BE IMPRESSED.

LA DOLCE VITA

BUY TICKETS ONLINE AT WWW.AMOA.ORG/LDV

0679 // EMBLEM CREATIVE / USA

IT'S ABOUT THYME

AND PARSLEY AND GARLIC AND OREGANO. IT'S ABOUT THE
FRESHEST INGREDIENTS AND METICULOUS PREPARATION AND AUSTIN'S FIRST
CLASS CHEFS. AND MOST IMPORTANTLY, IT'S ALL ABOUT FLAVOR.

LA DOLCE VITA

BUY TICKETS ONLINE AT WWW.AMOA.ORG/LDV

0680 // EMBLEM CREATIVE / USA

SAY CHEESE

THERE'S PLENTY TO SMILE ABOUT. GREAT FOOD. WONDERFUL WINE.
LIVE MUSIC FROM THE SOPHISTICATES. ALL SET AMIDST THE
BEAUTIFUL GARDENS AND HISTORIC VILLA OF AMOA-LAGUNA GLORIA.

LA DOLCE VITA

BUY TICKETS ONLINE AT WWW.AMOA.ORG/LDV

0681 // EMBLEM CREATIVE / USA

SCRUB THE FLOORS. SHINE THE SINKS.

WHATEVER YOU DO...

apron allure™
tie one on.

IN ALASKA FAIRBANKS

ED FELLA

A FORMER
DETROIT
COMMERCIAL ARTIST (1957-1915)

CURRENTLY AND PRESENTLY A MEMBER OF THE CALARTS GRAPHIC DESIGN FACULTY (1987

FAIR-BANKS BLUE MOON

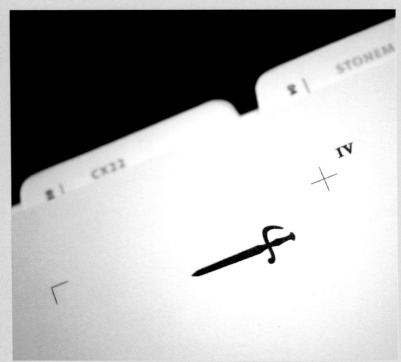

0688 // **SENSUS DESIGN FACTORY ZAGREB** / CROATIA

0689 // **SENSUS DESIGN FACTORY ZAGREB** / CROATIA

0690 // **SENSUS DESIGN FACTORY ZAGREB** / CROATIA

0691 // **SENSUS DESIGN FACTORY ZAGREB** / CROATIA

0693 // BUCHANAN DESIGN / USA

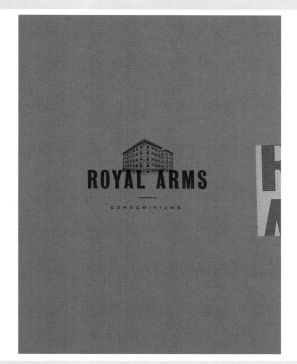

0694 // **SOCKEYE CREATIVE** / USA

0695 // **SOCKEYE CREATIVE** / USA

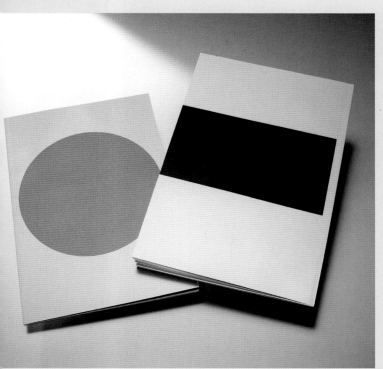

0696 // **AND PARTNERS, NY** / USA

0697 // **KINETIK** / USA

0698 // **PLAZM** / USA

0699 // **3GROUP** / POLAND

0700 // **PLAZM** / USA

0701 // **PLAZM** / USA

SOFA 2008 _ Piotr BLAMOWSKI

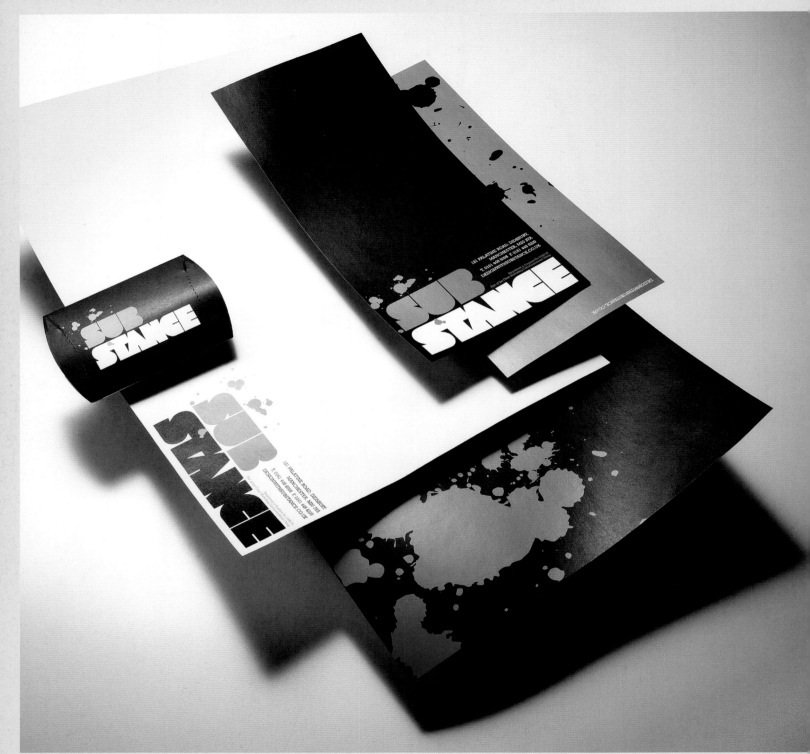

4 // BASEMAN DESIGN ASSOCIATES / USA

0705 // NOTHING : SOMETHING : NY / USA

6 // NOTHING : SOMETHING : NY / USA

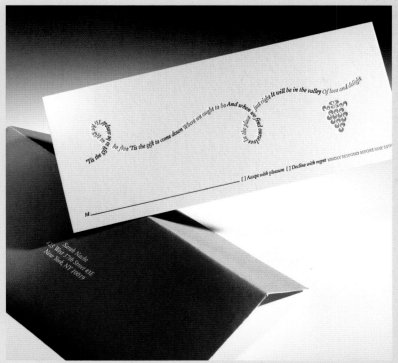

0707 // VALENTINE GROUP NEW YORK / USA

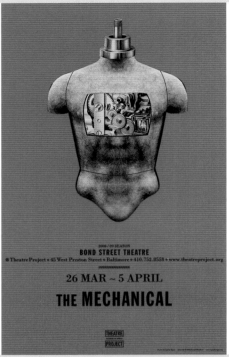

2008 / 09 SEASON
BOND STREET THEATRE
Theatre Project ■ 45 West Preston Street ■ Baltimore ■ 410.752.8558 ■ www.theatreproject.org

26 MAR ~ 5 APRIL

THE MECHANICAL

0708 // **SPUR** / USA

2008 / 09 SEASON
ELIZABETH HESS
Theatre Project ■ 45 West Preston Street ■ Baltimore ■ 410.752.8558 ■ www.theatreproject.org

30 APR ~ 10 MAY

LIVING OPENLY & NOTORIOUSLY

0709 // **SPUR** / USA

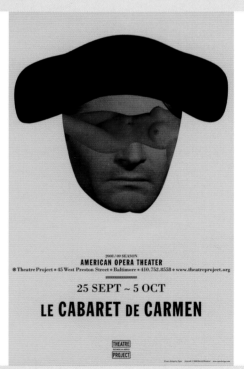

2008 / 09 SEASON
AMERICAN OPERA THEATER
Theatre Project ■ 45 West Preston Street ■ Baltimore ■ 410.752.8558 ■ www.theatreproject.org

25 SEPT ~ 5 OCT

LE CABARET DE CARMEN

0710 // **SPUR** / USA

2008 / 09 SEASON
MARGOLIS BROWN ADAPTORS
Theatre Project ■ 45 West Preston Street ■ Baltimore ■ 410.752.8558 ■ www.theatreproject.org

16 ~ 19 OCT

CYCLOPEDIA

0711 // **SPUR** / USA

4 // ADAMS MORIOKA, INC. / USA

0715 // ADAMS MORIOKA, INC. / USA

0716 // ADAMS MORIOKA, INC. / USA

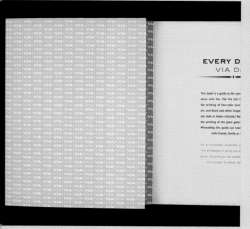

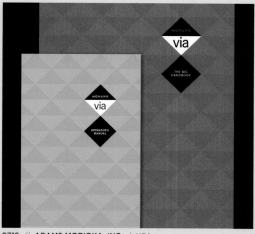

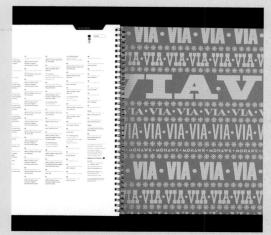

7 // ADAMS MORIOKA, INC. / USA

0718 // ADAMS MORIOKA, INC. / USA

0719 // ADAMS MORIOKA, INC. / USA

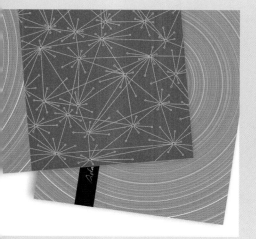

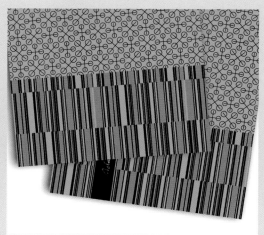

0 // ADAMS MORIOKA, INC. / USA

0721 // ADAMS MORIOKA, INC. / USA

0722 // ADAMS MORIOKA, INC. / USA

0723 // **3GROUP** / POLAND

0724 // **3GROUP** / POLAND

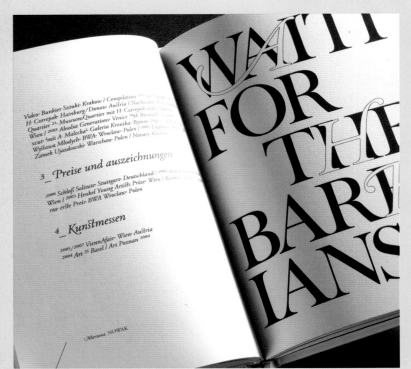

0725 // **3GROUP** / POLAND

0726 // **3GROUP** / POLAND

WAITING *for the* BARBARIANS

TRÄUME UND REALITÄT

13. FEBRUAR, 20 UHR (PREMIERE) / 15. FEBRUAR, 20 UHR

BAHNHOF LANGENDREER, BOCHUM

REGIE: JO RABE

BETEILIGTE UNTERNEHMEN:
FIRMA E.U.G. ELEKTRO-UNIVERSAL GMBH, BOCHUM
EVANGELISCHE KIRCHENGEMEINDE BOCHUM-WERNE
CARITASVERBAND FÜR BOCHUM E.V.
STADT BOCHUM KINDER-UND JUGENDEINRICHTUNGEN
IFAK E.V., BOCHUM

PREMIERE → 30. MÄRZ 2007 → EINLASS/START: 19/20 UHR → REGIE: MATHES DUES

WEITERE AUFFÜHRUNG: 31. MÄRZ 2007, EINLASS: 19 UHR, BEGINN: 20 UHR
ALTE WERKHALLE, KARLSTRASSE 37–39, 45661 RECKLINGHAUSEN

29 // DIE TRANSFORMER / GERMANY

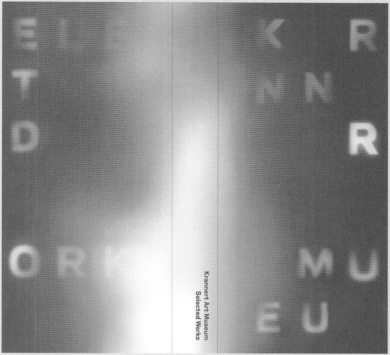

0730 // STUDIO BLUE / USA

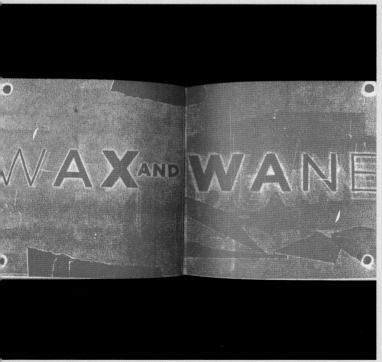

51 // WIDGETS & STONE / USA

0732 // DIE TRANSFORMER / GERMANY

0733 // **THONIK** / THE NETHERLANDS

0734 // **THONIK** / THE NETHERLANDS

0735 // **THONIK** / THE NETHERLANDS

0736 // **THONIK** / THE NETHERLANDS

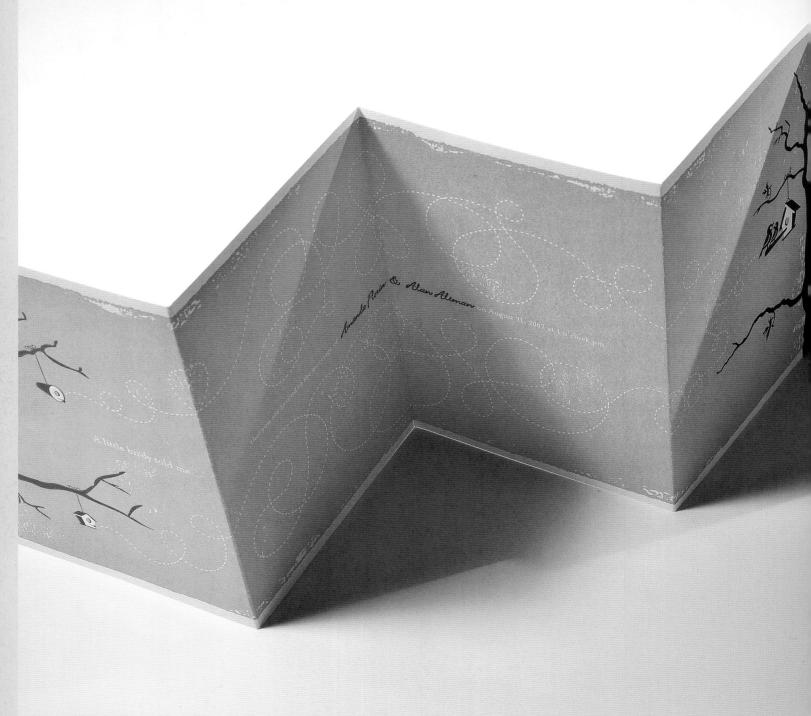

A little birdy told me...

Amanda Flora & Alan Altman on August 31, 2007 at 4 o'clock pm

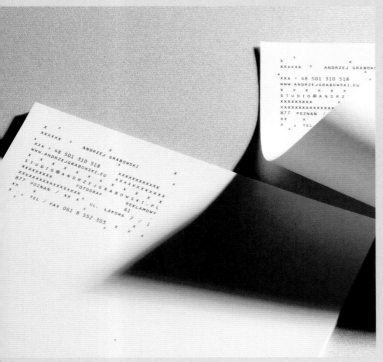

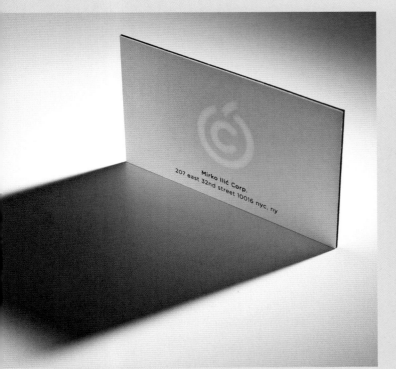

39 // 3GROUP / POLAND

0740 // BERNSTEIN-REIN ADVERTISING / USA

41 // MIRKO ILIĆ CORP. / USA

0742 // VALENTINE GROUP NEW YORK / USA

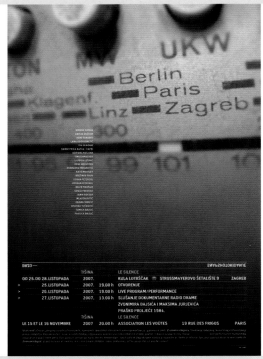

0743 // SENSUS DESIGN FACTORY ZAGREB / CROATIA

0744 // SENSUS DESIGN FACTORY ZAGREB / CROATIA

0745 // STUDIO BLUE / USA

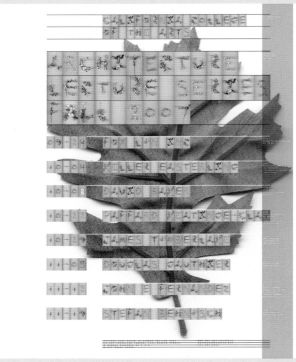

0746 // AUFULDISH & WARINNER / USA

CALIFORNIA COLLEGE
OF THE ARTS
HOSTS

NATIONAL PORTFOLIO DAY

SATURDAY
JANUARY 19, 2008

AT THE CCA SAN FRANCISCO CAMPUS
1111 EIGHTH STREET

PORTFOLIO DAY

is an excellent opportunity for students pursuing a future
in the visual and related arts. Bring your portfolio and questions, and meet with representatives from more than thirty leading
art colleges accredited by the National Association of Schools of Art and Design.
High school and transfer students are welcome.

REPRESENTATIVES FROM THESE SCHOOLS WILL BE IN ATTENDANCE:

Academy of Art University
Art Center College of Design
Art Institute of Boston
California Institute of the Arts
Carnegie Mellon University
Cleveland Institute of Art
College for Creative Studies
Columbus College of Art & Design
Cooper Union School of Art
Corcoran College of Art & Design
Cornish College of the Arts
Emily Carr Institute of Art & Design
Fashion Institute of Design & Merchandising
Kansas City Art Institute
Kendall College of Art & Design
Laguna College of Art & Design
Lawrence Technological University
Maryland Institute College of Art
Massachusetts College of Art
Minneapolis College of Art & Design
Moore College of Art & Design
Mount Ida College School of Design
New England School of Art & Design
New York School of Interior Design
Oregon College of Art & Craft
Otis College of Art & Design
Pacific Northwest College of Art
Parsons the New School for Design
Pratt Institute
Rhode Island School of Design
Rochester Institute of Technology
San Francisco Art Institute
School of the Art Institute of Chicago
School of the Museum of Fine Arts, Boston
School of Visual Arts
State University of New York, Purchase College
University of the Arts
Washington University School of Art

Tours and presentations, 10 a.m.–noon
Portfolio reviews, noon–4 p.m.

For information about National Portfolio Day,
call 800.447.ART
or visit www.npda.org or www.cca.edu.

Free and open to the public.

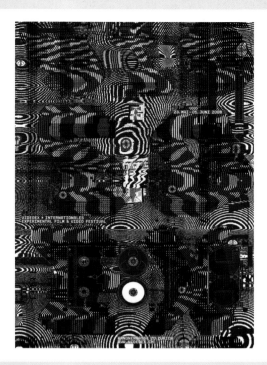

49 // MARTIN WOODTLI / SWITZERLAND

0750 // NIESSEN & DE VRIES / THE NETHERLANDS

51 // NIESSEN & DE VRIES / THE NETHERLANDS

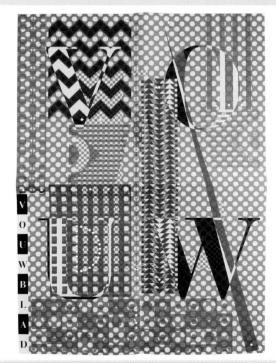

0752 // NIESSEN & DE VRIES / THE NETHERLANDS

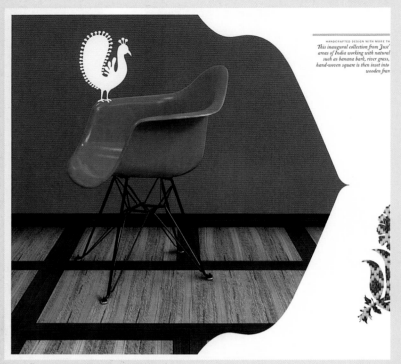

0753 // **VALENTINE GROUP NEW YORK** / USA

Jason Smith **05**
CO-FOUNDER, LIVENEUTRAL

ON GIVING POWER TO THE PEOPLE
LiveNeutral gives everyone the power to help stop climate change. We can help anyone — an individual, a small, medium, or large business, even a school — calculate and then neutralize their carbon emissions.

AN EXAMPLE
On the LiveNeutral web site there is a simple tool that lets you determine the carbon emissions generated by, say, the amount of driving you do each year. If your car averages 19 miles-per-gallon and you drive 10,000 miles-per-year, your automobile generates 10,204 pounds of CO_2 emissions annually. That amount of emissions can be "neutralized" by purchasing a carbon reduction offset for just $37.50.

AND FOR THOSE WHO DON'T DRIVE
LiveNeutral allows people to calculate the carbon emissions produced by their energy use at home, and to determine their emissions from air travel, so you can choose to offset any or all of these categories.

WHERE DOES THE MONEY GO?
The money you spend on a carbon offset certificate goes to help fund a variety of specific emissions reductions programs like methane destruction at farms and landfills, reforestation and forest conservation projects, large scale energy efficiency projects, low carbon farm tilling and displacing high carbon energy in the grid with clean, renewable energy.

THE CHICAGO CLIMATE EXCHANGE
LiveNeutral sells offset reduction certificates issued by the Chicago Climate Exchange. Founded in 2003, the CCX functions as a kind of stock market for the reduction of greenhouse gas emissions.

INSURING THE MONEY GOES WHERE THEY SAY IT'S GOING
Qualified, independent experts verify all CCX offset and carbon reduction claims for authenticity and accuracy. In addition, the entire CCX platform is audited by Financial Industry Regulatory Authority. No other United States emission reduction credits program has this level of enforceability and accountability.

ON CHANGING BEHAVIOR VS. PURCHASING OFFSETS
Some critics have attacked us for simply providing people with a way to assuage their guilt without causing them to actually change their behavior and use less energy. However, the evidence says that the people who are purchasing credits are more committed to energy and carbon footprint reductions than nearly any other segment of our society — they're not merely indulgent or politically correct people, but concerned and proactive citizens. Plus, we offer extensive and well researched lifestyle tips on the CO_2 Reduction Tips pages of our web site.

IS THAT ALL WE HAVE TO DO TO SAVE THE PLANET?
By no means do we consider offsets the answer to global warming. But it's one of the easiest and best ways regular people can help reduce the threat of global warming starting today.

INSPIRED TO TACKLE YOUR OWN LITTLE CORNER OF THE GLOBE? YOU GO, HERO. KNOW A HERO OR A STORY YOU THINK WE MIGHT WANT TO WRITE ABOUT SOMEDAY? PLEASE WRITE TO US AT:

FOLIO@INTERFACEFLOR.EU

"LIVENEUTRAL GIVES EVERYONE THE POWER TO HELP STOP CLIMATE CHANGE."

0754 // **VALENTINE GROUP NEW YORK** / USA

Founded April 6, 1973, InterfaceFLOR proudly celebrates its 35th year in business.

0755 // **VALENTINE GROUP NEW YORK** / USA

CARPET RIDDLES

WHAT'S
FEET BUT J...
WALKS? W...
LAYS DO...
BUT STAN...
FOR T...
PLANET?...
MAKE...
HISTOR...
FOCUSI...
ON THE FU...

*What does a famous artist or ancient philosopher have to d...
history, genius, invention, utility and fashion have come in a...
The people included in this story have all made important c...
and in doing so have helped to answer the riddle of who we ...*

WHO WAS THE FATHER OF THE FIRST INFORMATION AGE?

PHOTOGRAPHY: GEOF KERN...

0756 // **VALENTINE GROUP NEW YORK** / USA

JUST™ IS THE FIRST PRODUCT LAUNCHED UNDER FAIRWORKS–AN INITIATIVE THAT ADDRESSES THE SOCIAL ASPECTS OF SUSTAIN-ABILITY BY DRAWING ON LOCAL MARKETS AND HANDICRAFT SKILLS FROM ACROSS THE GLOBE. IN THIS WAY, JUST™ CAN HELP LOCAL CRAFTSPEOPLE CONNECT TO THE LARGER GLOBAL ECONOMY.

42

Just

InterfaceFLOR® ► FOLIO NO 1

0763 // **THONIK** / THE NETHERLANDS

0764 // **THONIK** / THE NETHERLANDS

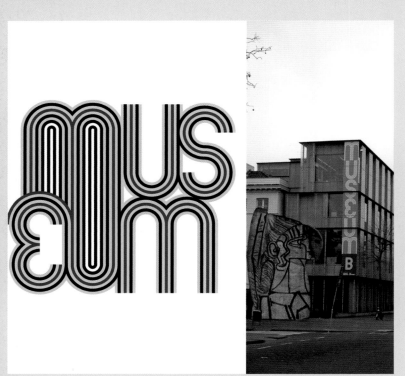

0765 // **THONIK** / THE NETHERLANDS

0766 // **THONIK** / THE NETHERLANDS

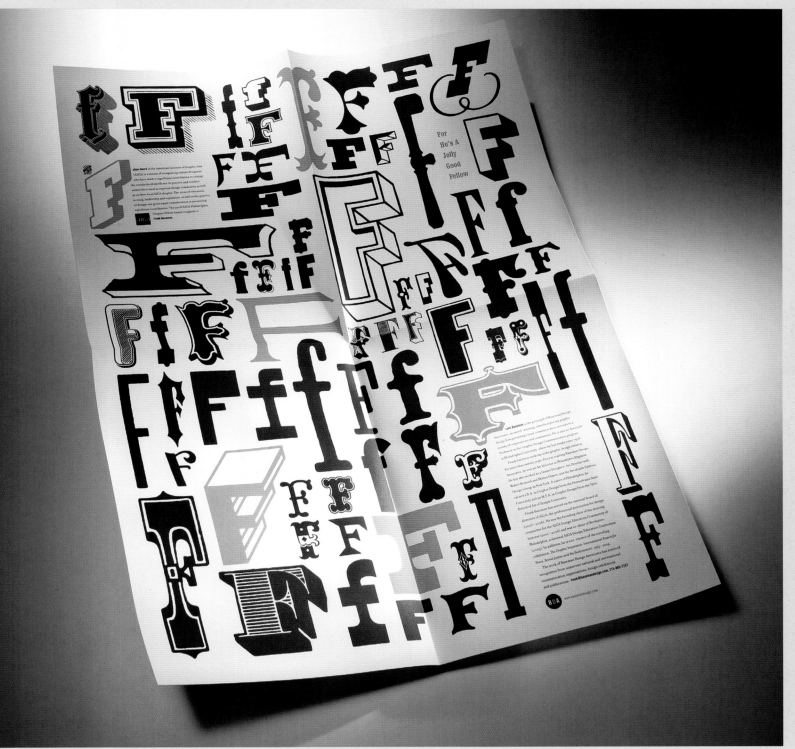

0769 // ZYNC COMMUNICATIONS, INC. / CANADA

0770 // AND PARTNERS, NY / USA

0771 // MIRIELLO GRAFICO / USA

0772 // IE DESIGN + COMMUNICATIONS / USA

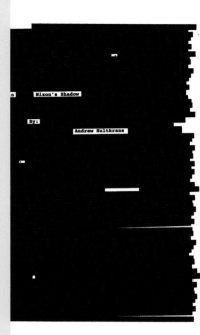

0773 // PLAZM / USA

0774 // PLAZM / USA

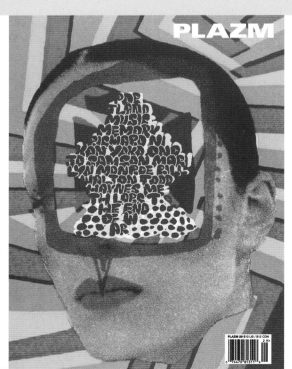

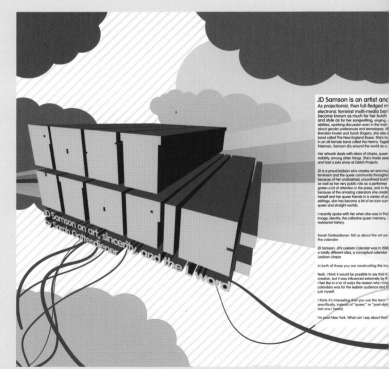

0775 // PLAZM / USA

0776 // PLAZM / USA

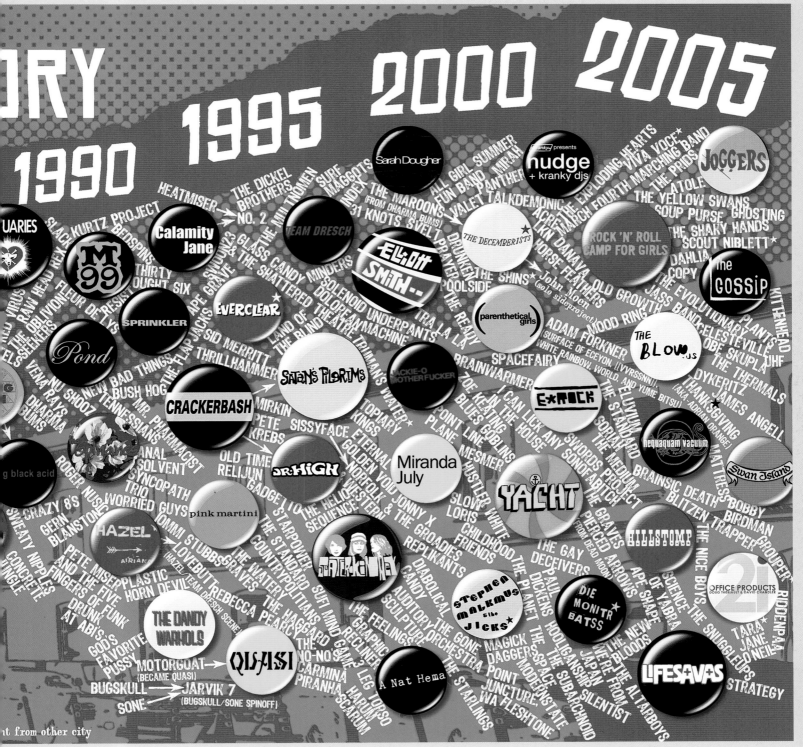

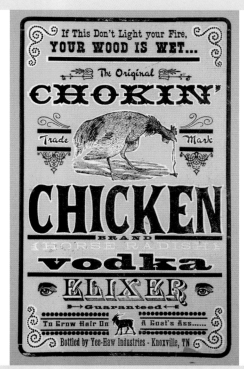

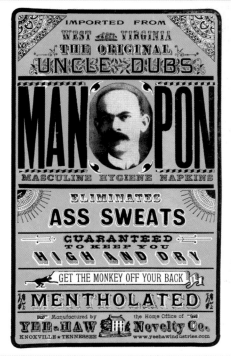

0779 // YEE-HAW INDUSTRIAL LETTERPRESS / USA

0780 // YEE-HAW INDUSTRIAL LETTERPRESS / USA

0781 // YEE-HAW INDUSTRIAL LETTERPRESS / USA

0782 // YEE-HAW INDUSTRIAL LETTERPRESS / USA

0783 // SHAPIRO WALKER DESIGN / USA

0784 // ADAMS MORIOKA, INC. / USA

0785 // SAMURAI, INC. / JAPAN

0786 // SAMURAI, INC. / JAPAN

8225 BEVERLY BOULEVARD, LOS ANGELES, CA 90048, 323.655.6566, 323.655.6577 FAX, THEJAR.COM

a Modern American Chop House

8225 BEVERLY BOULEVARD, LOS ANGELES, CALIFORNIA 90048
323.655.6566, 323.655.6577 FAX, THEJAR.COM

Jar

a Modern American Chop House

8225 BEVERLY BOULEVARD, LOS ANGELES, CA 90048, 323.655.6566, 323.655.

a Modern American Chop House

8225 BEVERLY BOULEVARD, LOS ANGELES, CALIFORNIA 90048

Jar

8225 BEVERLY BOULEVARD, 323.655.6566, THEJAR.COM

Jar

funnel
PAPER
GOODS

/// *GIF PAPER* *

◆ FUNNEL

➤ * COLOR URCHIN *
3 : GENEROUS SHEETS : 28 X 40

....

funnelp

ERIC KASS : UTILITARIAN + COMMERCIAL + FINE : *ART* ::::

Original printed patterns inspired by thoughts
of ancient, vinyl-padded, patio furniture, well-worn,
flannel pjs and musty books. Created from fond mem
and intended to dress-up the events of our lives.
Good for blizzards, weddings, spring-flings, cocktails
anniversary toasts and lemonades by the shore.

0793 // EMBLEM CREATIVE / USA

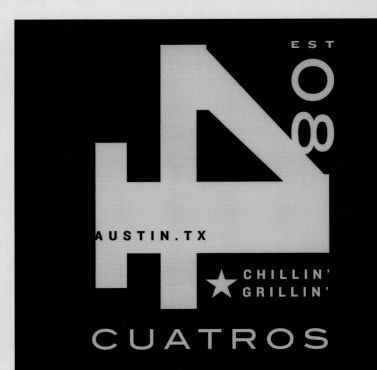

0794 // EMBLEM CREATIVE / USA

0795 // EMBLEM CREATIVE / USA

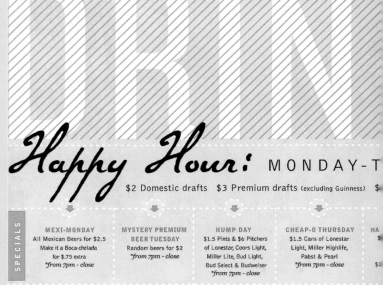

0796 // EMBLEM CREATIVE / USA

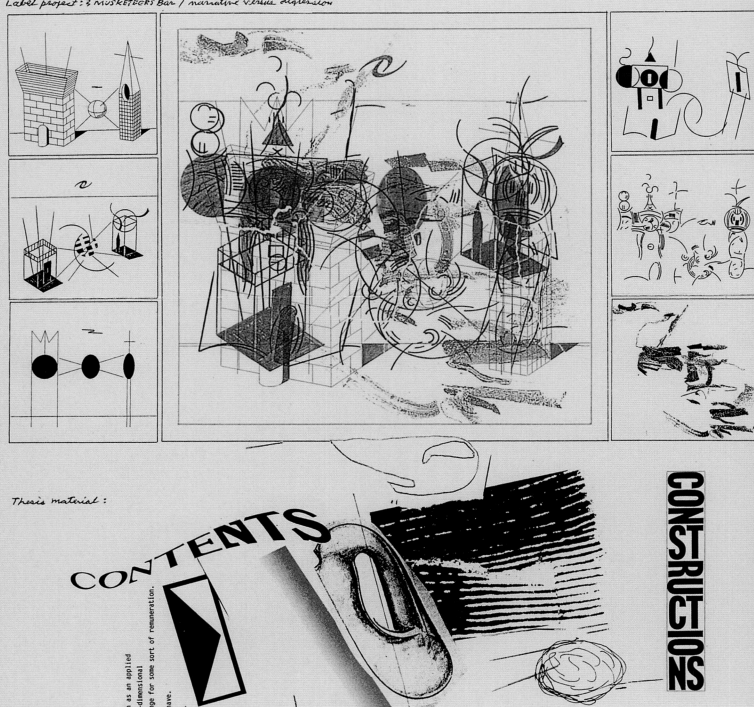

Label project : 3 MUSKETEERS Bar / narrative versus digression

Thesis material :

CONTENTS

CONSTRUTIONS

as an applied
-dimensional
ge for some sort of remuneration.
have.

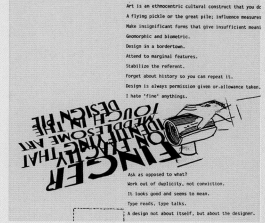

Art is an ethnocentric cultural construct that you do
A flying pickle or the great pile; influence measures
Make insignificant forms that give insufficient meani
Geomorphic and biometric.
Design in a bordertown.
Attend to marginal features.
Stabilize the referent.
Forget about history so you can repeat it.
Design is always permission given or allowance taken.
I hate 'fine' anythings.

Ask as opposed to what?
Work out of duplicity, not conviction.
It looks good and seems to mean.
Type reads, type talks.
A design not about itself, but about the designer.

9 // ED FELLA / USA

0800 // ED FELLA / USA

0801 // ED FELLA / USA

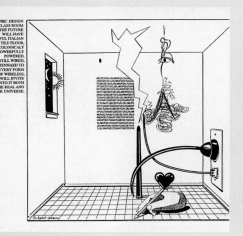

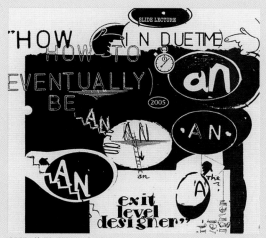

2 // ED FELLA / USA

0803 // ED FELLA / USA

0804 // ED FELLA / USA

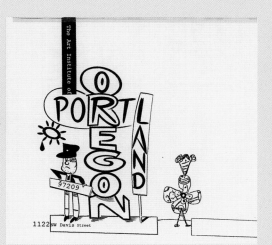

5 // ED FELLA / USA

0806 // ED FELLA / USA

0807 // ED FELLA / USA

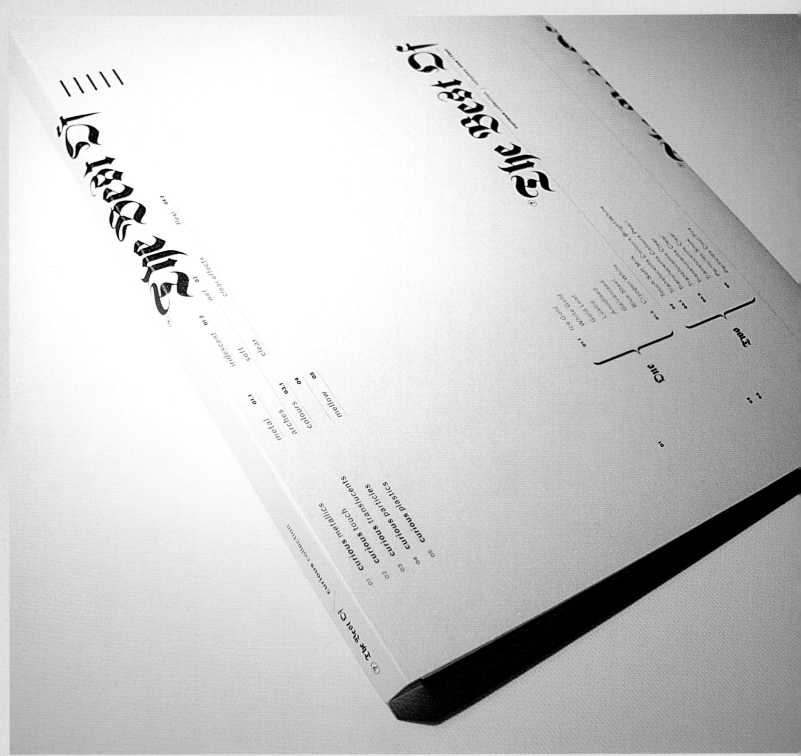

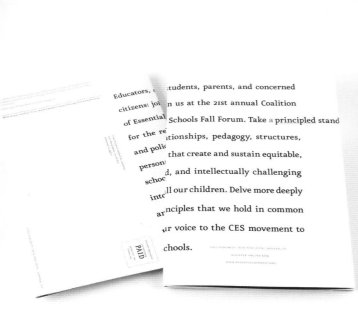

0813 // **FACTOR TRES** / MEXICO

0814 // **MIRKO ILIĆ CORP.** / USA

0815 // **NOTHING : SOMETHING : NY** / USA

0816 // **NOTHING : SOMETHING : NY** / USA

EBDMIX

KILLER · BOOZOO BAJOU // THE MELEE · THE BEASTIE BOYS // TUDO BEM MALANDRO · CURUMIN
SOLTA O FRANGO · BONDE DO ROLÊ // ADIEU PARIS · HELENA // LOVER · DEVENDRA BANHART
ACTION SATISFACTION · JURASSIC 5 // LOTUS FLOWER · BLACKALICIOUS // KWENDA · ZAP MAMA
SUCKER PUNCH · CONNIE PRICE & THE KEYSTONES // SOUND OF EVERYTHING · QUANTIC
BE GOOD · TOKYO POLICE CLUB // THE BOOK I WRITE · SPOON // WE WERE BORN THE MUTANTS
AGAIN WITH LEAFLING · OF MONTREAL // HARMONIUM · ROGUE WAVE

All songs selected by Ellen Bruss Design and purchased from iTunes on your behalf.

19 // CALAGRAPHIC DESIGN / USA

0820 // SAMURAI, INC. / JAPAN

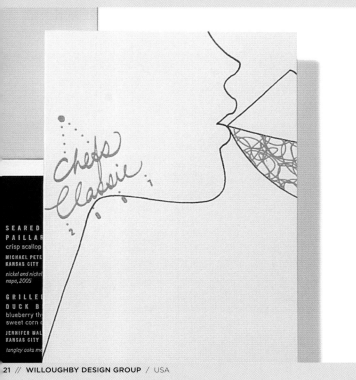

21 // WILLOUGHBY DESIGN GROUP / USA

0822 // ELEMENTS / USA

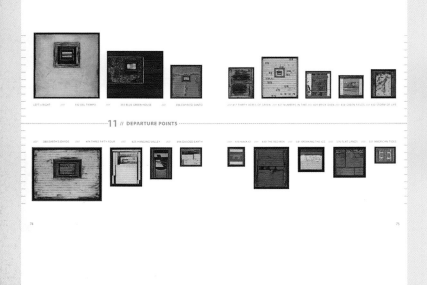

0823 // **HAYS DESIGN STUDIO** / USA

0824 // **HAYS DESIGN STUDIO** / USA

0825 // **AND PARTNERS, NY** / USA

0826 // **AND PARTNERS, NY** / USA

ANTIQUES

LOCATION: MASTER BATH

OBJECTS: HORSES, SADDLES, HARNESSES

COLORS: WHITE, BROWN, RED, GREEN

SURFACE: PEELING, CRACKED, WORN

RACE IS ON 2007

0833 // FUNNEL : ERIC KASS : UTILITARIAN + COMMERCIAL + FINE : ARTS / USA

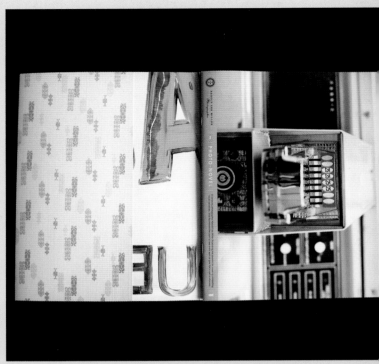

0834 // FUNNEL : ERIC KASS : UTILITARIAN + COMMERCIAL + FINE : ARTS / USA

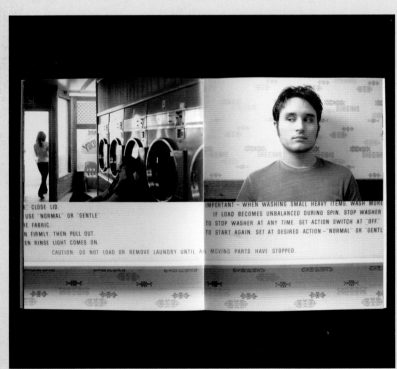

0835 // FUNNEL : ERIC KASS : UTILITARIAN + COMMERCIAL + FINE : ARTS / USA

0836 // 3GROUP / POLAND

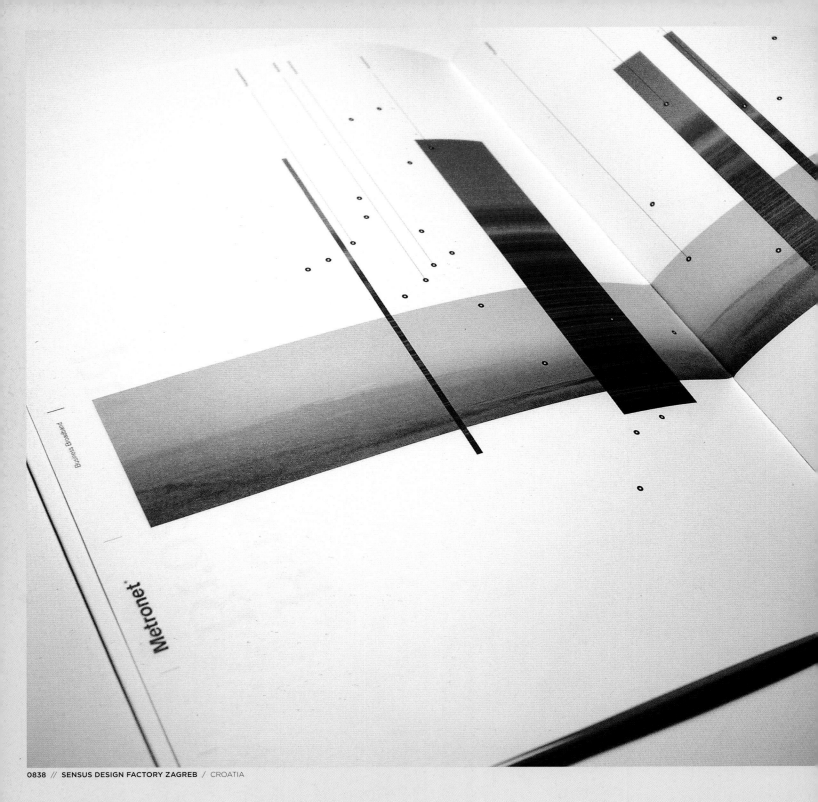

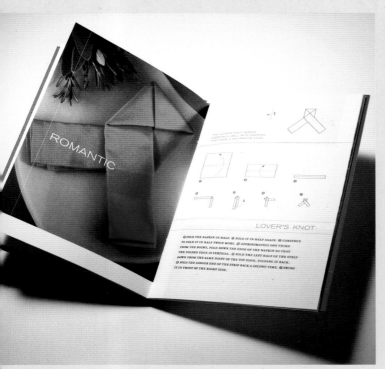

0839 // KINETIK / USA

0840 // SENSUS DESIGN FACTORY ZAGREB / CROATIA

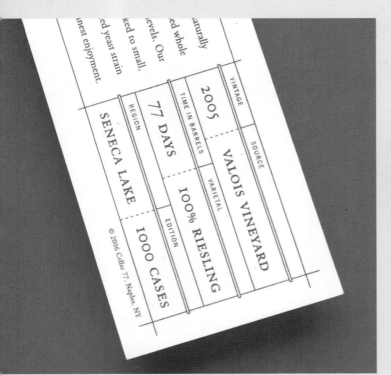

0841 // SHAPIRO WALKER DESIGN / USA

0842 // VOLUME, INC. / USA

0843 // **MINE™** / USA

0844 // **MINE™** / USA

ELLA TSOY >> FOURTH YEAR, FASHION DESIGN

IT'S ALL ABOUT OUR FUTURES AROUND HERE.

For Ella Tsoy, a native of Uzbekistan, the most universal language is fashion. "It's been my dream since I was five years old. I really like playing with fabric. When I pick up a piece, it can become anything." At CCA, professors such as Amy Williams keep Ella focused. "Amy is always encouraging me to believe in myself and my art. It's all about our futures around here."

Every graduating senior at CCA has a capstone experience—a final, all-encompassing project. Ella's is a fashion collection with a street-attitude theme. Her look, revealed in the college's annual runway fashion show, is urban, casual, and fully focused on denim.

What's next? "How about Dolce & Gabbana?" she says with a smile. "That's who I really see myself working for, preferably in Italy."

0845 // **AUFULDISH & WARINNER** / USA

0846 // **DIE TRANSFORMER** / GERMANY

EVOLUTIVA

Teléfono: 5255 / 3300 5105

PASEO DE LOS TAMARINDOS 400A
P5, COL. BOSQUES DE LAS LOMAS
MÉXICO DF, CP 05120, MÉXICO
WEBPAGE: WWW.EVOLUTIVA.ORG

EVOLUTIVA

EVOLUTIVA | Paseo de los tamarindos nro. 400 A piso 5, col. bosques de las lomas, México df, cp 05120, México. T. 5255 / 3300 5105 / www.evolutiva.org

OUR PROCESS GUIDES AN INDIVIDUAL OR GROUP TO DEVELOP THE SKILLS THAT FOSTER PERFORMANCE AT THE HIGHEST POTENTIAL. WE DO NOT RESOLVE PROBLEMS OR OFFER SOLU-
TIONS, AND WHILE OUR PROCESS YIELDS DEEP INSIGHTS, IT DOESN'T STOP THERE. IT GIVES LEADERS THE KEYS TO LIVING THEIR INSIGHTS FOR CONTINUED GUIDANCE AND GROWTH.

WE SEE A WORLD IN NEED OF HEALTHY, POWERFUL AND BALANCED LEADERS,
ABLE TO GUIDE THEMSELVES, THEIR FOLLOWERS AND THEIR COMMUNITIES
TO HIGHER AWARENESS AND PERFORMANCE. FROM THERE, WE LOOK TO THESE
LEADERS TO IMPACT THE WORLD WITH A GREATER SENSE OF WELL-BEING.

view

EVOLUTIVA N 1

...ESTAND WHAT AN INDIVIDUAL TRULY IS, AND WHAT TRULY MOTIVATES US? WHAT...
...ILITY TO MANAGE OTHERS? HOW CAN WE HELP THE INDIV...
...R THROUGH WORLDS OF CONVER...

PHILIP GLASS
AND AN EXHIBITION OF ORIGINAL
ARTWORK BY LEONARD COHEN

FOLLOWED BY THE WEST COAST PREMIERE
OF PHILIP GLASS' NEW WORK

BOOK OF LONGING

BASED ON THE POETRY AND IMAGES
OF LEONARD COHEN

co-commissioned by Stanford Lively Arts

↑

premiere

49 // CHEN DESIGN ASSOCIATES / USA

0850 // TOKY BRANDING + DESIGN / USA

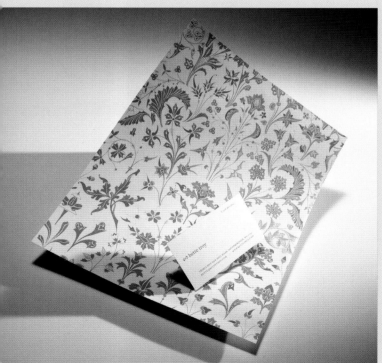

51 // ROYCROFT DESIGN / USA

0852 // CHEN DESIGN ASSOCIATES / USA

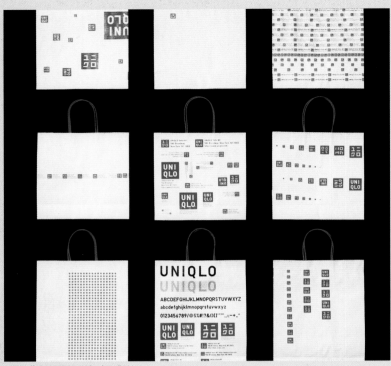

0853 // SAMURAI, INC. / JAPAN

0854 // SAMURAI, INC. / JAPAN

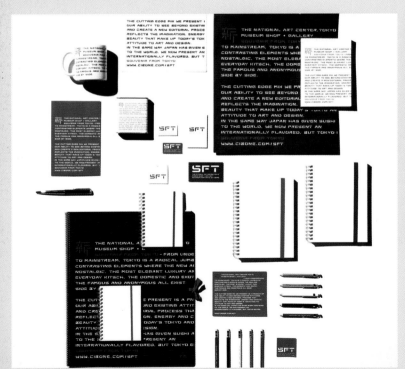

0855 // SAMURAI, INC. / JAPAN

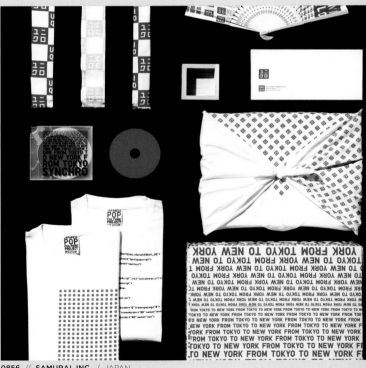

0856 // SAMURAI, INC. / JAPAN

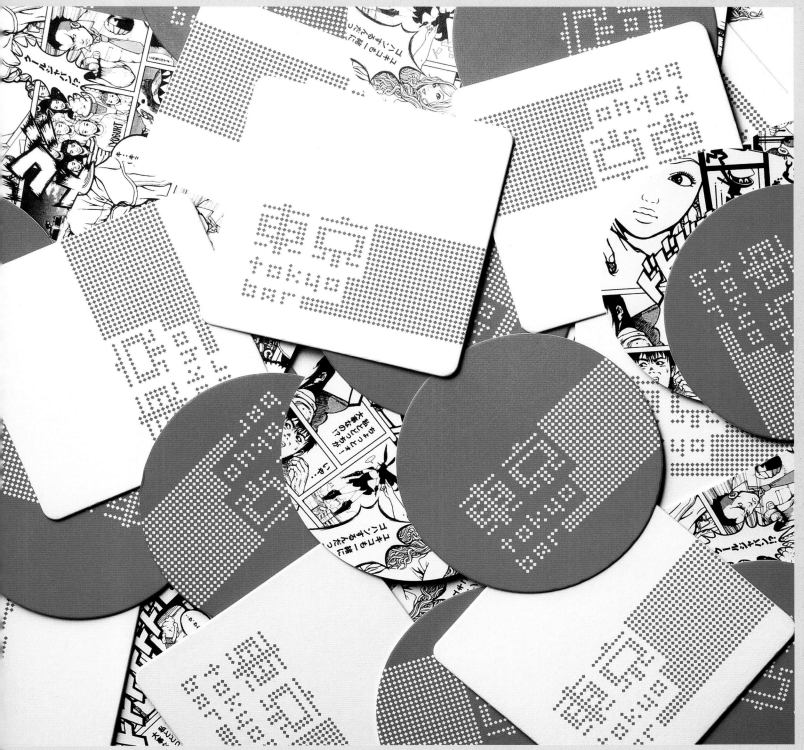

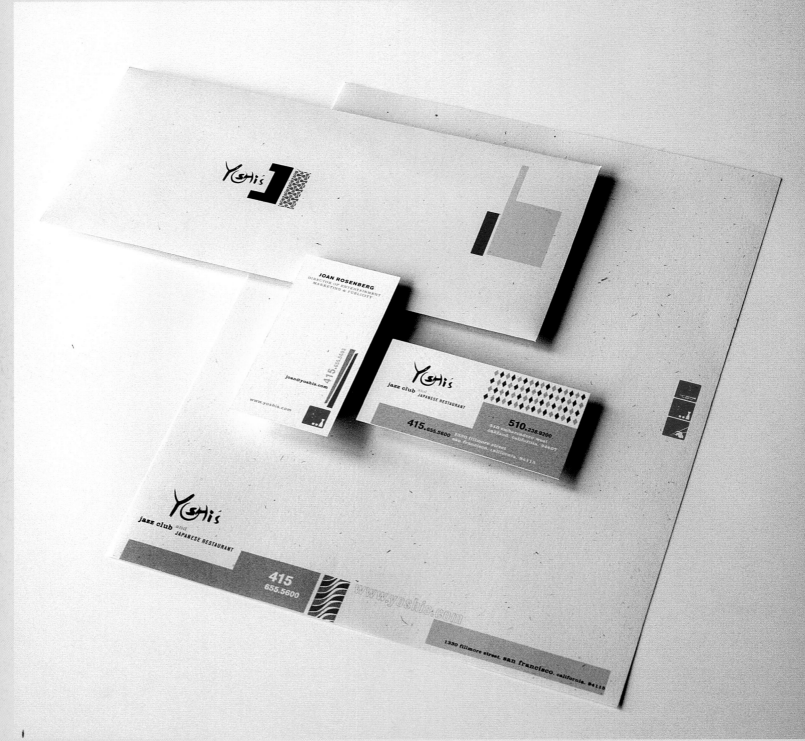

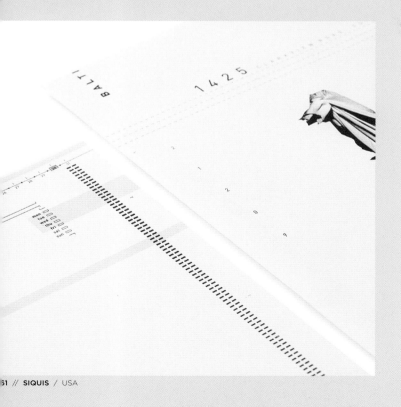

0859 // **SENSUS DESIGN FACTORY ZAGREB** / CROATIA

0860 // **SPRING** / CANADA

0861 // **SIQUIS** / USA

0862 // **3GROUP** / POLAND

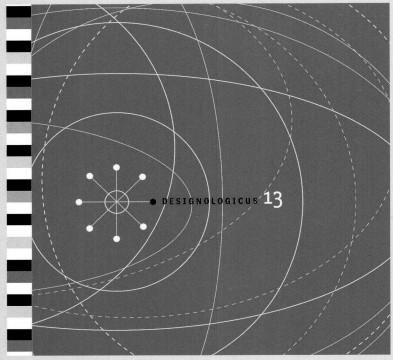

0863 // ADAMS MORIOKA, INC. / USA

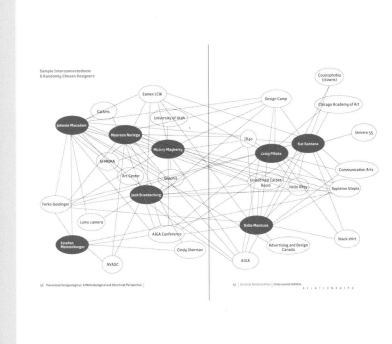

0864 // ADAMS MORIOKA, INC. / USA

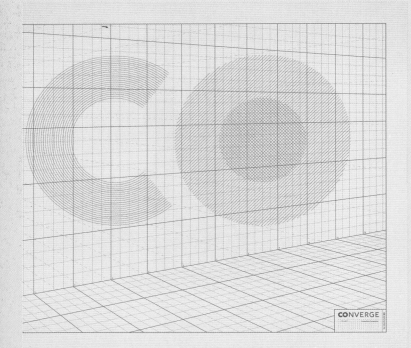

0865 // ADAMS MORIOKA, INC. / USA

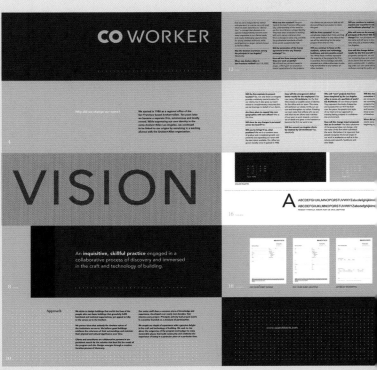

0866 // ADAMS MORIOKA, INC. / USA

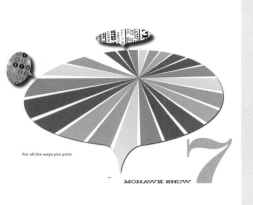

57 // **ADAMS MORIOKA, INC.** / USA

0868 // **ADAMS MORIOKA, INC.** / USA

0869 // **ADAMS MORIOKA, INC.** / USA

70 // **ADAMS MORIOKA, INC.** / USA

0871 // **ADAMS MORIOKA, INC.** / USA

0872 // **ADAMS MORIOKA, INC.** / USA

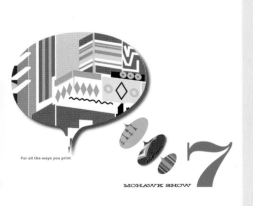

73 // **ADAMS MORIOKA, INC.** / USA

0874 // **ADAMS MORIOKA, INC.** / USA

0875 // **ADAMS MORIOKA, INC.** / USA

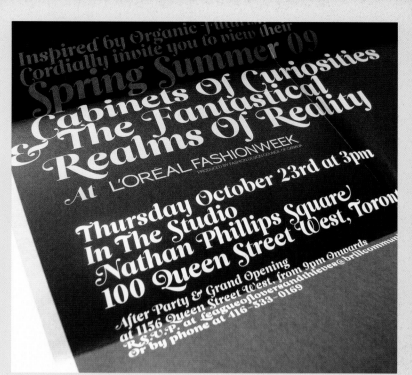

0877 // THE WHITE ROOM, INC. / CANADA

0878 // THE WHITE ROOM, INC. / CANADA

0879 // THE WHITE ROOM, INC. / CANADA

0880 // THE WHITE ROOM, INC. / CANADA

WALKER ART CENTER

DORYUN CHONG   YASMIL RAYMOND

BRAVE NEW WORLDS

OCTOBER 2007

MAX ANDREWS & MARIANA CÁNEPA LUNA
DISCUSS TOILETS IN EUROPE AND
SPAIN'S TRANSFORMATION.

CECILIA BRUNSON FOLLOWS A HISTORICAL
TREK ACROSS SOUTH AMERICA.

TONE HANSEN MAPS NORWAY'S NEW
TERRAIN OF OUTSOURCED DIVERSITY.

HU FANG MEDITATES ON THE PAIN
AND THE HAPPINESS OF OTHERS.

MIHNEA MIRCAN SIGNS THE DEATH
CERTIFICATE OF MONUMENTS IN ROMANIA.

JOSÉ ROCA ASKS IF PERFORMANCE ART AND
CIVIC ACTION CAN BE ONE AND THE SAME.

ALSO: KWAME ANTHONY APPIAH,
JANINE DI GIOVANNI, ARUNDHATI ROY

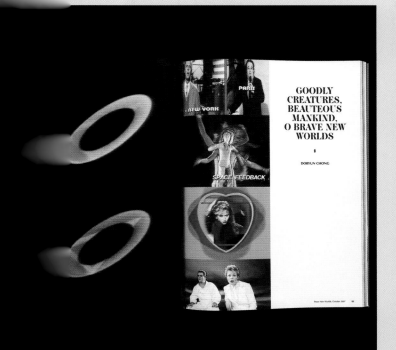

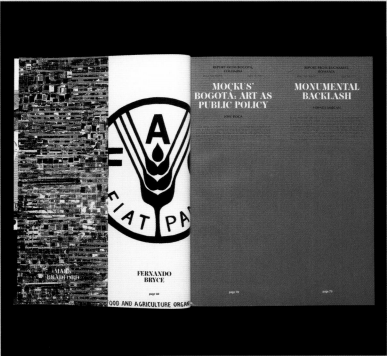

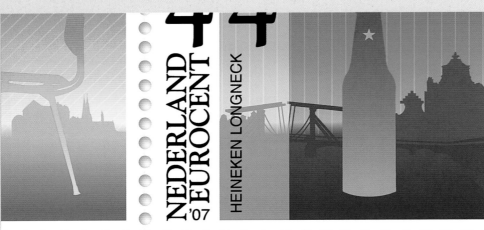

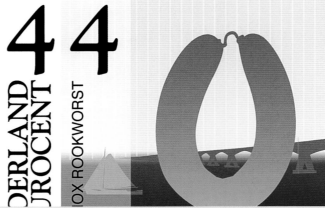

NEDERLAND EUROCENT '07 — 4 4 — HEINEKEN LONGNECK

NEDERLAND EUROCENT '07 — 4 4 — BUGABOO

NEDERLAND EUROCENT '07 — 4 4 — FLESSENLAMP

NEDERLAND EUROCENT '07 — 4 4 — BAKFIETS

...DERLAND ...UROCENT — 4 4 — ...IOX ROOKWORST

...DERLAND ...UROCENT — 4 4 — TULP

87 // FUNNEL : ERIC KASS : UTILITARIAN + COMMERCIAL + FINE : ARTS / USA

0888 // FUNNEL : ERIC KASS : UTILITARIAN + COMMERCIAL + FINE : ARTS / USA

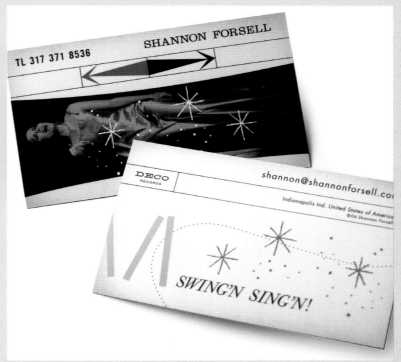

89 // VOLUME, INC. / USA

0890 // FUNNEL : ERIC KASS : UTILITARIAN + COMMERCIAL + FINE : ARTS / USA

0891 // **WALKER ART CENTER** / USA

0892 // **WALKER ART CENTER** / USA

0893 // **WALKER ART CENTER** / USA

0894 // **WALKER ART CENTER** / USA

QUART
KRISTIANSAND
SOMMERFEST

JULY 2 - 5
2008

0897 // **CHEN DESIGN ASSOCIATES** / USA

0898 // **CHEN DESIGN ASSOCIATES** / USA

1928

2008

0899 // **TOPOS GRAPHICS** / USA

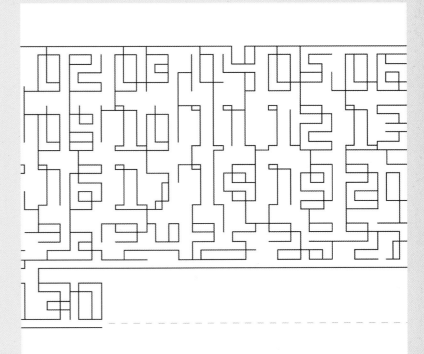

0900 // **TOPOS GRAPHICS** / USA

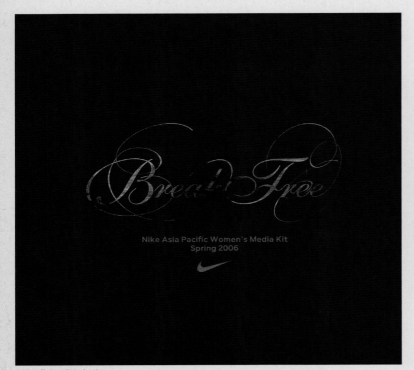

0901 // **PLAZM** / USA

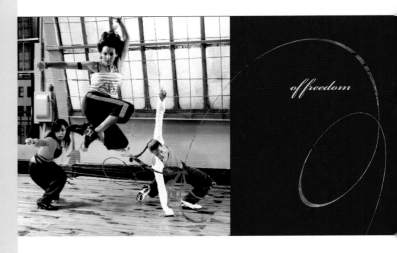

0902 // **PLAZM** / USA

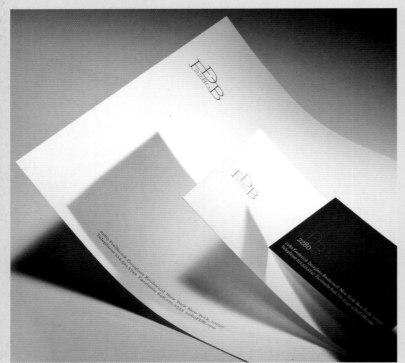

0903 // **AND PARTNERS, NY** / USA

0904 // **AND PARTNERS, NY** / USA

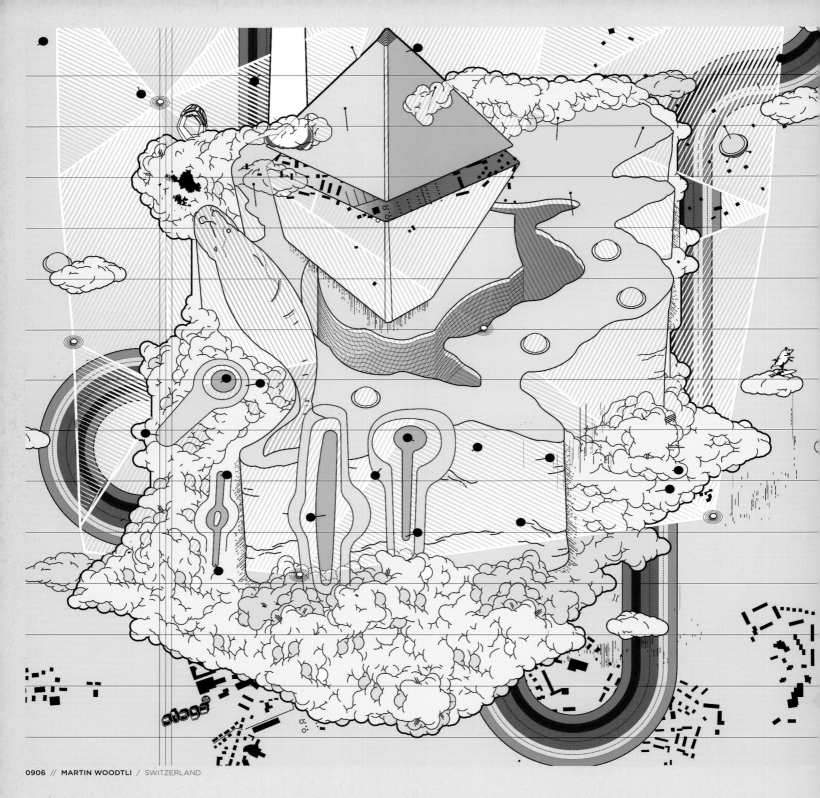

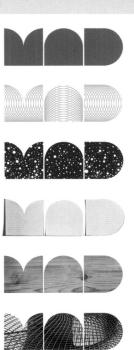

museum of arts and design opening on columbus circle september 23 madmuseum.org

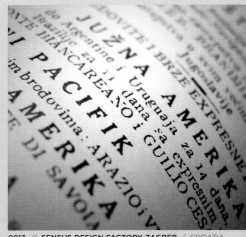

0911 // **SENSUS DESIGN FACTORY ZAGREB** / CROATIA

0912 // **SENSUS DESIGN FACTORY ZAGREB** / CROATIA

0913 // **SENSUS DESIGN FACTORY ZAGREB** / CROATIA

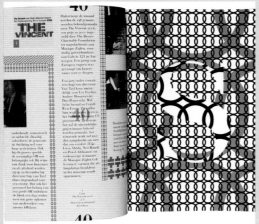

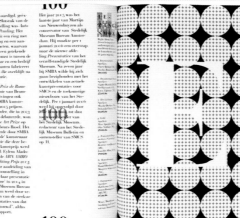

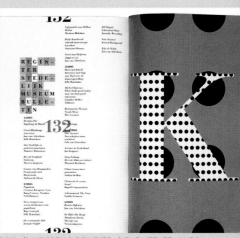

0914 // **NEISSEN & DE VRIES** / THE NETHERLANDS

0915 // **NEISSEN & DE VRIES** / THE NETHERLANDS

0916 // **NEISSEN & DE VRIES** / THE NETHERLANDS

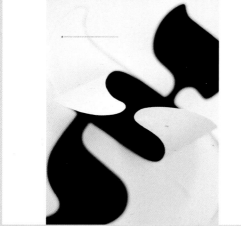

0917 // **ODED EZER** / ISRAEL

0918 // **ODED EZER** / ISRAEL

0919 // **ODED EZER** / ISRAEL

Museum CS

FIJNE FEESTDAGEN

EEN INSPIREREND 2008

0921 // **ODED EZER** / ISRAEL

0922 // **ODED EZER** / ISRAEL

0923 // **ODED EZER** / ISRAEL

0924 // **ODED EZER** / ISRAEL

a non profit item #8__typographic hommage to the music of the Israeli composer arye shapira__design by **oded ezer**__printed in israel 2001__ מחזה סימביוטי לקירותו המוסיקלית של המלחן אריה שפירא__ עיצוב כרזה **עודד עזר**

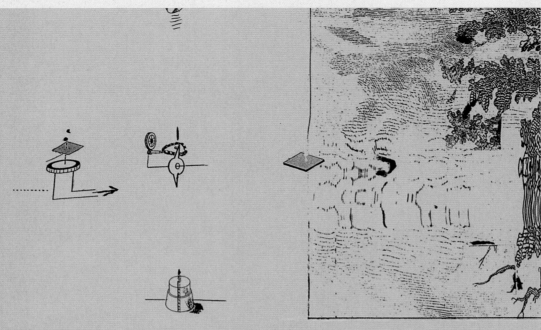

ED FELLA:
CURRENTLY A
FORMER DETROIT
COMMERCIAL
ARTIST (1957-1987)
AND PRESENTLY
TEACHING AT
CALARTS (SINCE 1987)

0926 // ED FELLA / USA

ZWYCZAJNOŚĆ" MAY, FRIDAY AT 5 PM. (2006) AT THE:

FROM BIBLIOTEKA ŚLĄSKA pl. RADY EUROPY ① KATOWICE POLAND

TO:

27 // **ED FELLA** / USA

fella '08

BOX OFFICE 612-375-7600 750 HENNEPIN MINN. MN 55403

0928 // **ED FELLA** / USA

ED FELLA "EXIT-LEVEL" GRAPHIC DESIGNER

21 FEBRUARY TUESDAY EVENING

29 // **ED FELLA** / USA

CAA'87

0930 // **ED FELLA** / USA

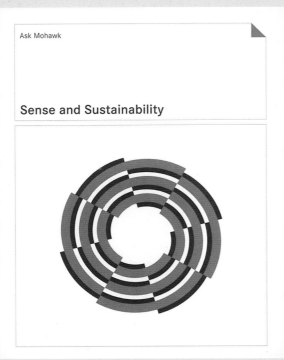

Ask Mohawk

Sense and Sustainability

0931 // **AND PARTNERS, NY** / USA

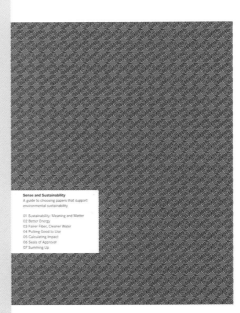

01: Sustainability: Meaning and Matter

What Sustainability Means
Sustainability means assuring the long-term survival of our planet by conserving and caring for its resources rather than depleting or permanently damaging them. Our growing awareness of the effects of climate change and deforestation makes sustainability and environmental stewardship everyone's concern today.

Why It Matters
For companies, sustainability and profitability go hand-in-hand. A commitment to environmental sustainability makes for good corporate citizenship, which improves a company's relationship with customers, investors, regulators, neighbors and suppliers. Sustainability is not only good for the earth and its people; it's increasingly connected to building bottom lines and improving shareholder value.

Paper Making and Paper Use
Because paper manufacturing depends on energy, forests and water, the paper industry has a particular interest in conserving and sustaining these resources so we can meet the demand for the volume of paper our society consumes. One of the most visible ways a company can demonstrate a commitment to sustainability is through the wise choice and use of paper that is made responsibly.

Sense and Sustainability
A guide to choosing papers that support environmental sustainability

01 Sustainability: Meaning and Matter
02 Better Energy
03 Fairer Fiber, Cleaner Water
04 Putting Good to Use
05 Calculating Impact
06 Seals of Approval
07 Summing Up

SERIOUS ABOUT STANDARDS
Mohawk's Environmental Management System is structured around principles promoted by The Coalition for Environmentally Responsible Economies (CERES) and uses environmental performance standards developed by the International Organization for Standardization (ISO) for the evaluation of the processes, practices and procedures. As a result, we can systematically meet our own goals as well as specific environmental objectives required by corporate customers as a condition of doing business.

0932 // **AND PARTNERS, NY** / USA

Ask Mohawk

Paper Basics

0933 // **AND PARTNERS, NY** / USA

01: Plan to Make It

After hours of designing in a two-dimensional virtual reality, you eventually have to take your plan to the third dimension of a printed piece. Making that leap requires paper: tactile, touchable, feel-good paper. Specifying the right paper to realize your vision affects the "look and feel" of the final product just as much as the colors, fonts, images and layouts you select.

The Pursuit of a Quality
The way paper feels on your fingertips is called its "hand." Hand affects how the pages turn and how panels fold out. From a bulky cover to a crisp sheet of letterhead, to supple pages in a book, the paper's hand makes a statement.

Paper also plays into the overall look of a piece. It can be slick or silky, loud or understated. It can have eye-popping gloss or an honest, authentic appeal. "Paper Basics" will help you understand the many factors to consider in your decision.

More great information may be found at www.mohawkpaper.com.

Papermaking at Mohawk
Papermaking at Mohawk began near the end of the Civil War when the Frank Gilbert Paper Company, a small newsprint mill, began operating where the Mohawk and Hudson Rivers meet. The company was purchased in 1931 by George O'Connor and remains privately owned.

Over the years, Mohawk has blended traditional craftsmanship with state-of-the-art papermaking technology and a view toward the future. With ongoing capital investment, a corporate culture focused on rapidly evolving customer needs, and a commitment to the environment, Mohawk is the most technologically advanced papermaker in its field.

02: What It Takes

The fourdriner machine...

Paper Basics
A guide to specifying the perfect paper

01 Plan to Make It
02 What It Takes
03 The Right Grade
04 Weights and Measures
05 Envelope Basics
06 Parties to the Transaction
07 Cheat Sheet
08 Things to Consider

0934 // **AND PARTNERS, NY** / USA

Ask Mohawk

The Naked Truth
About Uncoated Paper

37 // AND PARTNERS, NY / USA

0938 // IRON FORGE PRESS / USA

39 // NELNET, INC. / USA

0940 // WEATHER CONTROL / USA

0941 // STUDIO BLUE / USA

Explosions, Super-cooling, and Ice-IX
Tony Leggett 174

0942 // STUDIO BLUE / USA

Two: What does the horse say?

There's an exercise I've done for years with students, and I've taken the steps of that exercise as the section headings for this essay. The assignment is drawn from *Beat Not the Poor Desk*, the poet Marie Ponsot and Rosemary Deen's book on the teaching of writing, and the task is to compose a simple story in class. I often plan this for the first day of the course, and as I write the instructions one by one on the blackboard I tell the kids their work won't be graded; credit only for completion. Then, at the end of the session, a few brave souls read their stories aloud—

"Whinny," said the startled horse. "Fancy meeting you here. I figured I was the only survivor."
—Arden Reed, Professor of English

or

"Don't you miss the Arctic?" asks the horse.
—Christina Huemer, Librarian

15

0943 // STUDIO BLUE / USA

perhaps we see them in a woodland setting, grazing, stalking, walking on all fours. They are creatures of fur and claw, and the horse seems vulnerable in the way one is vulnerable in the presence of a bear. Then the bus stop's added, and a whole urban world springs up, canceling the woods. The bear who just nanoseconds earlier was a creature of pure appetite now navigates a bus system; chances are he's put on a shirt. Undoubtedly he's lost some fierceness in those nanoseconds, but as he puffs lazily at his butt he's gained the gruff sangfroid of the contemporary town dweller, comfortable if somewhat bored by the wait. The horse, too, checking his watch and craning at the traffic, acquires elements of a character. Practically the next thing you expect from them is speech.

14

0944 // STUDIO BLUE / USA

Blown Away

Ginger Gregg Duggan and Judith Hoos Fox
with essays by
Dave King and Tony Leggett
Krannert Art Museum and Kinkead Pavilion

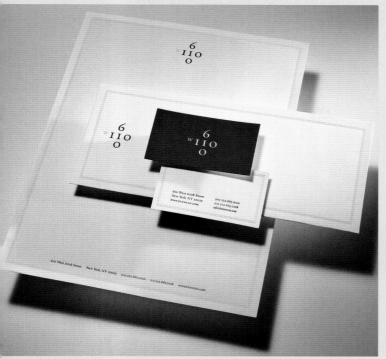

47 // AND PARTNERS, NY / USA

0948 // TOPOS GRAPHICS / USA

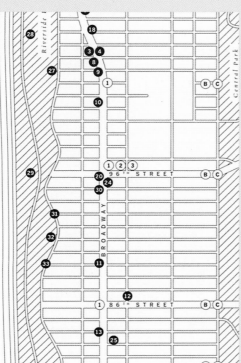

2. Tom's Restaurant
3. Smoke Jazz & Supper Club
4. Meridiana Restaurant
5. Hungarian Pastry Shop
6. Le Monde
7. Oren's Daily Roast
8. Carne
9. Café du Soleil
10. Picnic Market & Café
11. Docks Oyster Bar
12. Barney Greengrass
13. Ouest
14. Boat Basin

GROCERS & SHOPPING
15. Westside Market
16. Bank Street Children's Bookstore
17. Milano Market
18. Garden of Eden
19. Labyrinth Books
20. Gourmet Garage
21. Zabar's

CULTURAL
22. The Peace Fountain at Cathedral
 of St. John The Divine
23. Columbia University
24. Symphony Space
25. Children's Museum of Manhattan
26. American Museum of Natural History

RECREATION
27. Tot Lots
28. Riverside Park
29. Riverside Park Clay Tennis Courts
30. Equinox
31. Joan of Arc Statue
32. Hippo Playground
33. Soldiers and Sailors Monument

TRANSPORTATION
Buses: M4, M5, M7, M11, M104, M60
Subway:

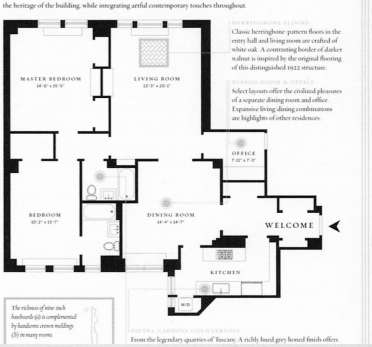

49 // AND PARTNERS, NY / USA

0950 // AND PARTNERS, NY / USA

Education life cycle

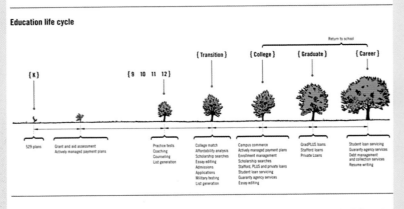

strengthening our roots an

0951 // NELNET, INC. / USA

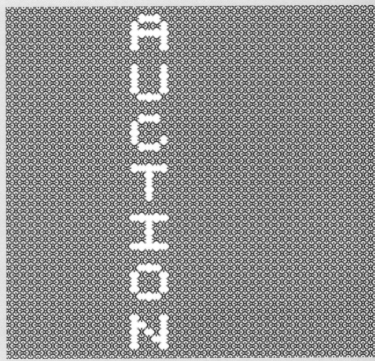

0952 // AUFULDISH & WARINNER / USA

0953 // TOPOS GRAPHICS / USA

A SMALL SANCTUARY

Madison Square Park is among the city's finest small parks. Beautifully set over 6.2 acres between Fifth and Madison Avenues, it combines formal gardens, verdant lawns and shaded outdoor seating for all who live and work nearby. Once the site of the original Madison Square Garden, today it includes a playground, dog run and fountains as well as rotating art installations, outdoor concerts, and literary readings.

There is even a free wireless node. Line up early at Danny Meyer's celebrated Shake Shack, where arguably the best burgers in the city are served along with Chicago-style hotdogs and "concretes." It's the perfect place to escape the office with a colleague, hook up for lunch or quietly contemplate your next big deal.

0954 // NEOSCAPE / USA

0956 // AUFULDISH & WARINNER / USA

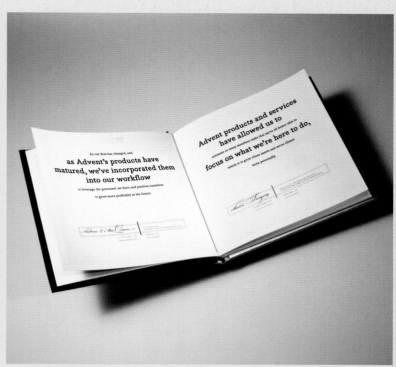

0957 // **AUFULDISH & WARINNER** / USA

0958 // **AUFULDISH & WARINNER** / USA

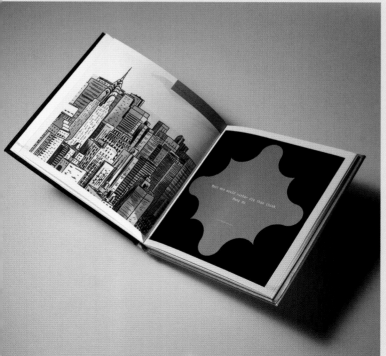

0959 // **AUFULDISH & WARINNER** / USA

0960 // **AUFULDISH & WARINNER** / USA

0961 // WEATHER CONTROL / USA

0962 // YIU STUDIO / USA

0963 // AESTHETIC APPARATUS / USA

0964 // WALKER ART CENTER / USA

THE NARROWS

2/141 FLINDERS LANE LEVEL 2

MELBOURNE

VIC TORIA

launch

r Detroit commercial artist (1951–1987) and

presently teaching at calarts in Los Angeles (1987—)

JULY 3

OPENING NIGHT EVENT 6 PM.

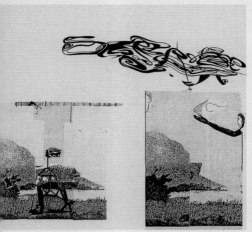

0967 // ED FELLA / USA

0968 // ED FELLA / USA

0969 // ED FELLA / USA

0970 // ED FELLA / USA

0971 // ED FELLA / USA

0972 // ED FELLA / USA

0973 // ED FELLA / USA

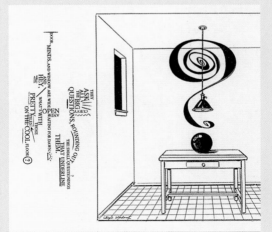

0974 // ED FELLA / USA

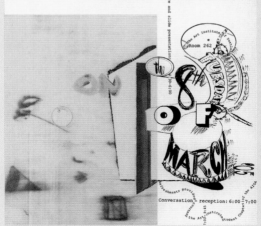

0975 // ED FELLA / USA

GRAPHIC DEVICES   299

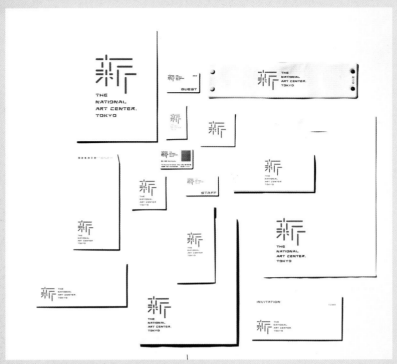

0976 // SAMURAI, INC. / JAPAN

0977 // SAMURAI, INC. / JAPAN

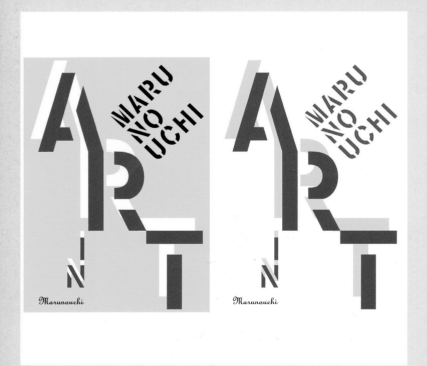

0978 // SAMURAI, INC. / JAPAN

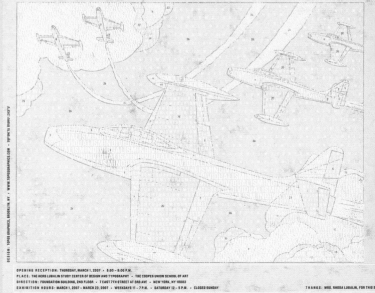

0979 // TOPOS GRAPHICS / USA

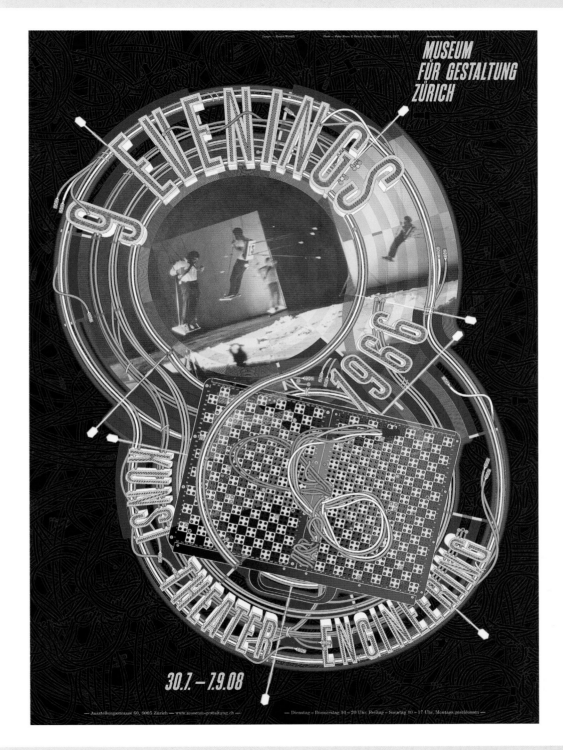

0981 // SAMURAI, INC. / JAPAN

82 // SPUR / USA

0983 // YIU STUDIO / USA

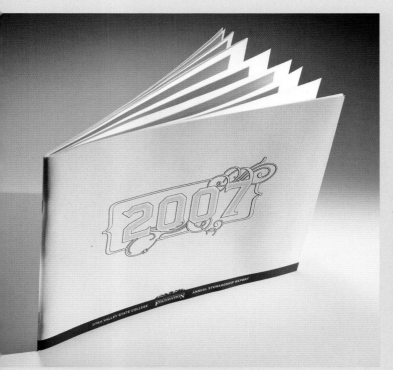

84 // UTAH VALLEY UNIVERSITY CREATIVE SERVICES / USA

0985 // IRON FORGE PRESS / USA

0986 // **VALENTINE GROUP NEW YORK** / USA

0987 // **VALENTINE GROUP NEW YORK** / USA

0988 // **TOPOS GRAPHICS** / USA

0989 // **TOPOS GRAPHICS** / USA

*Welcome to a brave new world of heroes: Heroic people, products, and initiatives dedicated to the art of change. Folio is a collaborative effort from Interface**FLOR** companies around the globe to celebrate people who are taking action to make their world – the world we all share – a little better, a little bit at a time. We are realists here at Interface**FLOR**. We have learned by doing that you don't have to know it all yourself, or do it all yourself, to effect change on a global level. It starts with changing what you can. And changing what you care about. In this issue, you'll meet "Five Heroes for Zero," people who are doing that right now. You'll also see the Just™ collection of products from the FairWorks initiative, which introduces the idea of Social Sustainability into the commercial lexicon. And as always with our work, this and every issue will gleam with inspiration to share with other readers. To begin, a tip of the hat to our No.1 cover hero, Scott Harrison, whose story for Charity: Water you'll find on page 24.*

InterfaceFLOR® & FOLIO NO 1

371 VAN BRUNT STREET, NO. 3 + BROOKLYN, NY 11231

www.productsuperior.com

0992 // CHEN DESIGN ASSOCIATES / USA

0993 // PRODUCT SUPERIOR / USA

0994 // PLAZM / USA

0995 // SPARK COMMUNICATIONS, INC. / USA

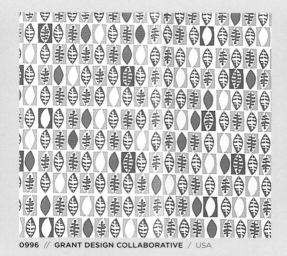

0996 // GRANT DESIGN COLLABORATIVE / USA

0997 // DAVID ELLER / USA

0998 // WORKER BEES, INC. / USA

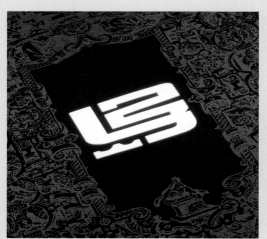

0999 // PLAZM / USA

1000 // YEE-HAW INDUSTRIAL LETTERPRESS / USA

INDEX